Passigli Poesia
Testi scelti da Mario Luzi

Pablo Neruda

Todo el amor

Antologia personale

a cura di
Giuseppe Bellini

Passigli Editori

PREFAZIONE

Nel 1964 la Editorial Losada pubblica un nuovo libro di Pablo Neruda, *Todo el amor*, con illustrazioni di Baldessari. Si tratta di un'antologia lirica, ordinata dal poeta stesso, quasi un auto-omaggio, al momento di compiere i sessant'anni, non contento dei cinque volumetti del *Memorial de Isla Negra*, con i quali intendeva festeggiare con gli amici ed estimatori il raggiungimento di una tappa fondamentale della sua vita, di uomo e di poeta.

Ormai Neruda era un artista affermato; al suo attivo contava, tra i molti libri poetici, non solo gli iniziali *Veinte poemas de amor y una canción desesperada*, ma le tre *Residencias en la tierra*, che lo avevano imposto tra i grandi lirici del secolo XX, il *Canto general*, i *Versos del Capitán*, ormai rivendicati, i numerosi libri delle *Odas elementales*, *Estravagario*, i *Cien sonetos de amor* e proprio nel 1964 i cinque libri del *Memorial de Isla Negra*, in cui parte rilevante ha l'esperienza d'amore.

Egli poteva quindi permettersi di pubblicare un libro apparentemente «leggero», almeno per il facile osservatore e per i molti nemici che contava, in realtà fondamentale quale zona del sentimento, destinato a una vasta fortuna, come l'avevano avuta, e ancora l'hanno, i citati *Veinte poemas*; a proposito di questi pochi anni prima, nel 1961, in occasione della milionesima copia venduta, affermava di non sapersi spiegare in virtù di quale miracolo il libro, «punto acceso di ricordi e di aromi trafitti da lancinanti malinconie giovanili, aperto a tutte le stelle del Sud», nato cioè dal dolore, avesse potuto divenire per tutti fonte di conforto, di felicità, e concludeva: «Quale migliore approdo può proporre un poeta alla sua opera?»[1].

Dalla remota raccolta *Crepusculario* – cui appartiene *Pelleas y Melisanda*, che inaugura con toni raccolti e note desolate, riprendendo il tema di Maeterlinck, musicato da Debussy, *Todo el amor* – al *Memorial de Isla Negra*, o più esattamente fino all'annunzio de *La barcarola*, la nuova raccolta riunisce la molteplicità delle esperienze, o meglio, delle espressioni d'amore che danno una dimensione accentuatamente autobiografica all'opera nerudiana. Più di una volta il poeta ha rivendicato i diritti del cuore. In *Estravagario* ancora li ribadisce; affermato che la prima cosa che egli desidera è «l'amore senza fine», la seconda vedere l'autunno, la terza il freddo inverno, con pioggia e fuoco, la quarta l'estate, pieno «come un'anguria», la quinta cosa gli occhi dell'amata, termina con un'implorazione: «Lasciatemi solo con il giorno. / Chiedo il permesso di nascere»[2].

In più di un'occasione, in conversazioni confidenziali, Pablo mi ribadì la sua contrarietà ad essere considerato solamente poeta dell'impegno, quando nella sua poesia aveva tanto posto il sentimento. Non che egli rinnegasse la sua funzione centrale di interprete del momento in cui si caratterizzavano il mondo e la condizione umana: tutt'altro. L'aveva, del resto, chiaramente ribadito – se non fossero bastati la terza *Residencia, España en el corazón*, gli stessi *Versos del Capitán* – nel *Canto general*: «Io sono qui per raccontare la storia»[3]; e ancora: «Scrivo per il popolo anche se non potrà / leggere la mia poesia con i suoi occhi rurali»[4].

Ma del pari in *Estravagario* aveva affermato: «Io sono con il miele dell'amore / nella dolcezza vespertina»[5]. Era questa la stagione piena dell'amore per Matilde Urrutia, protagonista dapprima clandestina dei *Versos del Capitán*, scopertamente presente, poi, nel trasporto e nell'angoscia dei *Cien sonetos de amor*, e che qui conclude i versi di *Todo el amor*[6]. Tuttavia nella raccolta gli accenti sono molteplici: vanno dal tema dell'amore alle esperienze concrete; dall'evocazione dei climi infelici della leggenda, alle considerazioni che si rifanno alla filosofia espressa da Ronsard; dalle orgiastiche presenze in stile modernista e rubendariano, all'espressione, nei *Veinte poemas*, di un senso tragico dell'amore, in un paesaggio trafitto di stelle, inquietato dal vento; dalla passione ancora trepidante dei *Versos del Capitán*, alle odi che celebrano la bellezza femminile nella sua totalità luminosa o nel dettaglio isolato; dall'amore meridiano dei *Cien sonetos*, al timore dell'assenza; dalla constatazione dell'usura del tempo sull'oggetto dell'amore, nelle evocazioni varie del *Memorial*, alla ribadita importanza del sentimento per Matilde nella vita del poeta, conclusione ultima di *Todo el amor*. Una vicenda quest'ultima che colorò positivamente gli anni della piena maturità di Neruda. Una coppia strettamente unita, per la quale la lontananza anche breve si faceva tormento. Ricordo l'angoscia di Pablo, una sera d'inverno, quando un guasto alla macchina che ci aveva portati a visitare Villa d'Este ci trattenne per ore sull'autostrada, mentre scendeva la notte, nebbiosa e umida. Matilde era con altri amici su un'altra automobile e doveva essere già rientrata a Milano, ma non vi era modo di comunicare con lei. L'abbraccio tra i due, a tarda notte, quando finalmente rientrammo in albergo, fu emozionante. Era evidente che Matilde non costituiva un puro tema per Neruda, ma la sublimazione, per così dire, dell'amore.

Più volte nella sua poesia egli fa riferimento al pane, alla farina, alla terra e alle radici. In Matilde il poeta affermava di aver trovato se stesso, la forza del suo canto anche nei momenti in cui la distruzione e la morte erano più presenti: «Ricevo nel sole e nel giorno la statua della tua chiarità / e nell'ombra, nella luna, nel sonno, il grappolo del regno, / il contatto che induce il mio sangue a cantare nella morte»[7].

Todo el amor non è, tuttavia, come abbiamo detto, solo un canto d'amore a Matilde, bensì rappresenta la testimonianza di quell'«interminabile carciofo» che, come ebbe ad affermare Neruda[8], è il cuore dei poeti e di tutti gli uomini, dove vi sono foglie numerose, per donne di carne e ossa. L'amore è certamente, per il poeta cileno, la forza maggiore della vita. Nella formulazione della sua poetica, in tempi remoti, egli aveva rivendicato la poeticità della «sacra legge del madrigale», la validità del desiderio sessuale[9], avvertendo ancora: «non scordiamo mai la malinconia, lo sciupato sentimentalismo, perfetti frutti impuri di meravigliosa qualità dimenticata, lasciati indietro dal frenetico libresco: la luce della luna, il cigno all'imbrunire, *cuor mio*, sono senza dubbio il poetico elementare e imprescindibile» perché la poesia possa sfuggire al gelo[10]. E nei *Cien sonetos de amor*, aveva pure affermato, d'accordo con il suo poeta preferito, Quevedo, la natura imperitura dell'amore: «morte non ha, è come un lungo fiume, / solo cambia di terre e di labbra»[11].

Todo el amor è perciò, sul tema amoroso, un nuovo libro di confessioni nerudiane, tanto più personale in quanto il poeta stesso lo ha «costruito». È quindi giustificato quanto fu scritto nella nota di presentazione dell'edizione originale: «Con passione e tenerezza, con il sentimento più delicato e un erotismo impetuoso come una forza della natura, Neruda ha cantato la donna e ha potuto idealizzarla senza spogliarla della sua presenza carnale. Nel riunire in un volume tutte le più belle liriche d'amore di tutta la sua opera, il poeta ci affida la quintessenza della sua poesia e crea una preziosa antologia personale, testimonianza di chi ha saputo vivere in questo mondo senza dimenticare né posporre il sentimento che trasfigura e dà senso all'esperienza umana»[12].

GIUSEPPE BELLINI

[1] Cf. «Pequeña historia», in P. Neruda, *Veinte poemas de amor y una canción desesperada*, Buenos Aires, Losada, 1961, Passigli Editori, 1996.
[2] «Pido silencio», in P. Neruda, *Estravagario*, Buenos Aires, Losada, 1958, Passigli Editori, 1995.
[3] «I. *La lámpara en la tierra*: Amor América», *Canto General*, in P. Neruda, *Obras Completas*, Buenos Aires, Losada, 1967 (3a ed.).
[4] *Ibid.*, «XV. *Yo soy*: La gran alegría».
[5] «Por fin se fueron», in P. Neruda, *Estravagario*, cit.
[6] Di notevole interesse il libro di Matilde Urrutia, *Mi vida junto a Pablo Neruda (Memorias)*, Barcelona, Seix Barral, 1986, Passigli Editori, 2003.
[7] «Amores: Matilde», in P. Neruda, *Todo el amor*, Buenos Aires, Losada, 1961, Passigli Editori, 1997.
[8] «Infancia y poesía», in P. Neruda, *Obras Completas*, cit., I, p. 25.
[9] «Sobre una poesia sin pureza», in P. Neruda, *Obras Completas*, Buenos Aires, Losada, 1968 (3a ed.), II, p. 1040.
[10] *Ibid.*, p. 1041.
[11] «XCII», in P. Neruda, *Cien sonetos de amor*, cit.
[12] Cf. *Todo el amor*, cit.

Todo el amor

PELLEAS Y MELISANDA

Su cuerpo es una hostia fina, mínima y leve.
Tiene azules los ojos y las manos de nieve.

En el parque los árboles parecen congelados,
los pájaros en ellos se detienen cansados.

Sus trenzas rubias tocan el agua dulcemente
como dos brazos de oro brotados de la fuente.

Zumba el vuelo perdido de las lechuzas ciegas.
Melisanda se pone de rodillas – y ruega.

Los árboles se inclinan hasta tocar su frente.
Los pájaros se alejan en la tarde doliente.

Melisanda, la dulce, llora junto a la fuente.

El encantamiento

Melisanda, la dulce, se ha extraviado de ruta,
Pelleas, lirio azul de un jardín imperial,
se la lleva en los brazos, como un cesto de fruta.

El coloquio maravillado

PELLEAS

Iba por la senda, tú venías por ella,
mi amor cayó en tus brazos, tu amor tembló en los míos.
Desde entonces mi cielo de noche tuvo estrellas
y para recogerlas se hizo tu vida un río.
Para ti cada roca que tocarán mis manos
ha de ser manantial, aroma, fruta y flor.

MELISANDA

Para ti cada espiga debe apretar su grano
y en cada espiga debe desgranarse mi amor.

PELLEAS E MELISANDA

Il suo corpo è un'ostia fine; minima e lieve.
Ha azzurri gli occhi e le mani di neve.

Nel parco gli alberi sembrano congelati,
gli uccelli si ferman su di essi stanchi.

Le sue trecce bionde toccano l'acqua dolcemente
come due braccia d'oro sbocciate dalla fonte.

Ronza il volo perduto delle civette cieche.
Melisanda s'inginocchia – e prega.

Gli alberi s'inchinano fino a toccar la sua fronte.
Gli uccelli s'allontanano nella sera dolente.

Melisanda, la dolce, piange presso la fonte.

L'incantesimo

Melisanda, la dolce, ha smarrito la strada,
Pelleas, giglio azzurro di un giardino imperiale,
tra le braccia se la porta, come un cesto di frutta.

Il colloquio meravigliato

PELLEAS
Io andavo per il sentiero, tu venivi per esso,
il mio amore cadde tra le tue braccia, il tuo amore tremò nelle mie.
Da allora il mio cielo di notte ebbe stelle
e per raccoglierle la tua vita si fece fiume.
Per te ogni roccia che toccheranno le mie mani
dev'essere sorgente, aroma, frutto e fiore.

MELISANDA
Per te ogni spiga deve stringere il suo grano
e in ogni spiga deve sgranarsi il mio amore.

PELLEAS
Me impedirás, en cambio, que yo mire la senda
cuando llegue la muerte para dejarla trunca.

MELISANDA
Te cubrirán mis ojos como una doble venda.

PELLEAS
Me hablarás de un camino que no termine nunca.
La música que escondo para encantarte huye
lejos de la canción que borbota y resalta:
como una vía láctea desde mi pecho fluye.

MELISANDA
En tus brazos se enredan las estrellas más altas.
Tengo miedo. Perdóname no haber llegado antes.

PELLEAS
Una sonrisa tuya borra todo un pasado.
Guarden tus labios dulces lo que ya está distante.

MELISANDA
En un beso sabrás todo lo que he callado.

PELLEAS
Tal vez no sepa entonces conocer tu caricia,
porque en las venas mías tu ser se habrá fundido.

MELISANDA
Cuando yo muerda un fruto tú sabrás su delicia.

PELLEAS
Cuando cierres los ojos me quedaré dormido.

La cabellera

Pesada, espesa y rumorosa,
en la ventana del castillo
la cabellera de la Amada
es un lampadario amarillo.

13

PELLEAS
M'impedirai, in cambio, di guardare la strada
quando verrà la morte per lasciarla tronca.

MELISANDA
Ti copriranno i miei occhi come una doppia benda.

PELLEAS
Mi parlerai d'una strada che non finirà mai.
La musica che occulto per incantarti fugge
lungi dalla canzone che gorgoglia e rimbalza;
come una via lattea dal mio petto fluisce.

MELISANDA
Tra le tue braccia s'impigliano le stelle più alte.
Ho paura. Perdona se non son giunta prima.

PELLEAS
Un tuo sorriso cancella tutto un passato;
conservino le tue dolci labbra ciò che è ormai distante.

MELISANDA
In un bacio saprai tutto ciò che ho taciuto.

PELLEAS
Forse non saprò allora conoscere la tua carezza,
perché nelle mie vene il tuo essere si sarà fuso.

MELISANDA
Quando morderò un frutto tu saprai la sua delizia.

PELLEAS
Quando chiuderai gli occhi resterò addormentato.

La chioma

Pesante, densa e rumorosa,
alla finestra del castello
la chioma dell'Amata
è un lampadario giallo.

– Tus manos blancas en mi boca.
– Mi frente en tu frente lunada.
Pelleas, ebrio, tambalea
bajo la selva perfumada.

– Melisanda, un lebrel aúlla
por los caminos de la aldea.
– Siempre que aúllan los lebreles
me muero de espanto, Pelleas.

– Melisanda, un corcel galopa
cerca del bosque de laureles.
– Tiemblo, Pelleas, en la noche
cuando galopan los corceles.

– Pelleas, alguien me ha tocado
la sien con una mano fina.
– Sería un beso de tu amado
o el ala de una golondrina.

En la ventana del castillo
es un lampadario amarillo
la milagrosa cabellera.

Ebrio, Pelleas enloquece.
Su corazón también quisiera
ser una boca que la bese.

La muerte de Melisanda

A la sombra de los laureles
Melisanda se está muriendo.

Se morirá su cuerpo leve.
Enterrarán su dulce cuerpo.

Juntarán sus manos de nieve.
Dejarán sus ojos abiertos

para que alumbren a Pelleas
hasta después que se haya muerto.

– Le tue mani bianche sulla mia bocca.
– La mia fronte sulla tua fronte lunata.
Pelleas, ebbro, barcolla
sotto la selva profumata.

– Melisanda, un levriero ulula
per le strade del villaggio.
– Ogni volta che ululano i levrieri
io muoio di spavento, Pelleas.

– Melisanda, un corsiero galoppa
presso il bosco d'allori.
– Tremo, Pelleas, nella notte
quando galoppano i corsieri.

– Pelleas, qualcuno m'ha toccato
la tempia con una mano fine.
– Sarà un bacio del tuo amato
o l'ala di una rondinella.

Alla finestra del castello
è un lampadario giallo
la miracolosa chioma.

Ebbro, Pelleas impazzisce.
Anche il suo cuore vorrebbe
essere una bocca che la bacia.

La morte di Melisanda

All'ombra degli allori
Melisanda sta morendo.

Morirà il suo corpo lieve.
Sotterreranno il suo dolce corpo.

Uniranno le sue mani di neve.
Lasceranno aperti i suoi occhi

perché illuminino Pelleas
fino a dopo che sarà morto.

A la sombra de los laureles
Melisanda muere en silencio.
Por ella llorará la fuente
un llanto trémulo y eterno.
Por ella orarán los cipreses
arrodillados bajo el viento.

Habrá galope de corceles,
lunarios ladridos de perros.

A la sombra de los laureles
Melisanda se está muriendo.

Por ella el sol en el castillo
se apagará como un enfermo.

Por ella morirá Pelleas
cuando la lleven al entierro.

Por ella vagará de noche,
moribundo por los senderos.

Por ella pisará las rosas,
perseguirá las mariposas
y dormirá en los cementerios.

Por ella, por ella, por ella,
Pelleas, el príncipe, ha muerto.

Canción de los amantes muertos

Ella era bella y era buena.
Perdonalá, Señor!
Él era dulce y era triste.
Perdonaló, Señor!

Se dormía en sus brazos blancos
como una abeja en una flor.

All'ombra degli allori
Melisanda muore in silenzio.

Per lei piangerà la fonte
un pianto tremulo e eterno.

Per lei pregheranno i cipressi
inginocchiati sotto il vento.

Vi saran galoppi di corsieri,
latrati lunari di cani.

All'ombra degli allori
Melisanda sta morendo.

Per lei il sole nel castello
si spegnerà come un infermo.

Per lei morirà Pelleas
quando la porteranno al sepolcro.

Per lei vagherà di notte,
moribondo per i sentieri.

Per lei calpesterà le rose,
inseguirà le farfalle
e dormirà nei cimiteri.

Per lei, per lei, per lei
Pelleas, il principe, è morto.

Canzone degli amanti morti

Lei era bella ed era buona.
Perdonala, Signore!
Lui era dolce, ed era triste.
Perdonalo, Signore!

S'addormentava tra le sue braccia bianche
come un'ape su un fiore.

Perdonaló, Señor!

Amaba las dulces canciones,
ella era una dulce canción!

Perdonalá, Señor!

Cuando hablaba era como si alguien
hubiera llorado en su voz.

Perdonalá, Señor!

Ella decía: – «Tengo miedo,
oigo una voz en lo lejano».

Perdonalà, Señor!

Él decía: – «Tu pequeñita
mano en mis labios».

Perdonaló, Señor!

Miraban juntos las estrellas.
No hablaban de amor.

Cuando moría una mariposa
lloraban los dos.

Perdónalos, Señor!

Ella era bella y era buena.
Él era dulce y era triste.
Murieron del mismo dolor.

Perdónalos.
Perdónalos.

Perdónalos, Señor!

Perdonalo, Signore!

Amava le dolci canzoni,
lei era una dolce canzone!

Perdonala, Signore!

Quando parlava era come se qualcuno
avesse pianto nella sua voce.

Perdonalo, Signore!

Lei diceva: – «Ho paura,
odo una voce in lontananza».

Perdonala, Signore!

Lui diceva: – «La tua piccola
mano sulle mie labbra».

Perdonalo, Signore!

Guardavano insieme le stelle.
Non parlavano d'amore.

Quando moriva una farfalla
piangevano entrambi.

Perdonali, Signore!

Lei era bella ed era buona.
Lui era dolce ed era triste.
Son morti dello stesso dolore.

Perdonali.
Perdonali.

Perdonali, Signore!

EL NUEVO SONETO A HELENA

Cuando estés vieja, niña (Ronsard ya te lo dijo)
te acordarás de aquellos versos que yo decía.
Tendrás los senos tristes de amamantar tus hijos,
los últimos retoños de tu vida vacía.

Yo estaré tan lejano que tus manos de cera
ararán el recuerdo de mis ruinas desnudas,
comprenderás que puede nevar en Primavera
y que en la Primavera las nieves son más crudas.

Yo estaré tan lejano que el amor y la pena
que antes vacié en tu vida como un ánfora plena
estarán condenados a morir en mis manos.

Y será tarde porque se fue mi adolescencia,
tarde porque las flores una vez dan esencia
y porque aunque me llames yo estaré tan lejano.

MORENA, LA BESADORA

Cabellera rubia, suelta,
corriendo como un estero,
cabellera.

Uñas duras y doradas,
flores curvas y sensuales,
uñas duras y doradas.

Comba del vientre, escondida,
y abierta como una fruta
o una herida.

Dulce rodilla desnuda
apretada en mis rodillas,
dulce rodilla desnuda.

IL NUOVO SONETTO A ELENA

Quando sarai vecchia, fanciulla (Ronsard te l'ha già detto)
ti ricorderai di quei versi che io recitavo.
Avrai i seni tristi d'allattare i tuoi figli,
gli ultimi germogli della tua vita vuota.

Io sarò così lontano che le tue mani di cera
areranno il ricordo delle mie rovine nude,
comprenderai che può nevicare in Primavera
e che in Primavera le nevi son più crude.

Io sarò così lontano che l'amore e la pena
che prima vuotai nella tua vita come un'anfora piena
saranno condannati a morire nelle mie mani.

E sarà tardi perché se n'andò la mia adolescenza,
tardi perché i fiori una sola volta dan profumo
e perché anche se mi chiamerai io sarò lontano.

MORENA, LA BACIATRICE

Chioma bionda, sciolta,
che corre come un ruscello,
chioma.

Unghie dure e dorate,
fiori curvi e sensuali,
unghie dure e dorate.

Curva del ventre, nascosta,
e aperta come un frutto
o una ferita.

Dolce ginocchio nudo
stretto tra le mie ginocchia,
dolce ginocchio nudo.

Enredadera del pelo
entre la oferta redonda
de los senos.
Huella que dura en el lecho,
huella dormida en el alma,
palabras locas.

Perdidas palabras locas:
rematarán mis canciones,
se morirán nuestras bocas.

Morena, la Besadora,
rosal de todas las rosas
en una hora.

Besadora, dulce y rubia,
me iré,
te irás, Besadora.
Pero aún tengo la aurora
enredada en cada sien.

Bésame, por eso, ahora,
bésame, Besadora,
ahora y en la hora
de nuestra muerte.
Amén.

FAREWELL

1
Desde el fondo de ti, y arrodillado,
un niño triste, como yo, nos mira.

Por esa vida que arderá en sus venas
tendrían que amarrarse nuestras vidas.

Por esas manos, hijas de tus manos,
tendrían que matar las manos mías.

Rampicante dei capelli
tra l'offerta rotonda
dei seni.

Orma che dura nel letto,
orma addormentata nell'anima,
parole pazze.

Perdute parole pazze:
concluderan le mie canzoni,
moriranno le nostre bocche.

Morena, la Baciatrice,
rosaio di tutte le rose
in un'ora.

Baciatrice, dolce e bionda,
me n'andrò,
te n'andrai, Baciatrice.
Ma ancora ho l'aurora
impigliata in ogni tempia.

Baciami per questo, ora,
baciami, Baciatrice,
ora e nell'ora
della nostra morte.
                    Amen.

FAREWELL

1

Dal fondo di te, e inginocchiato,
un bimbo triste, come me, ci guarda.

Per quella vita che arderà nelle sue vene
dovrebbero legarsi le nostre vite.

Per quelle mani, figlie delle tue mani,
dovrebbero uccidere le mie mani.

Por sus ojos abiertos en la tierra
veré en los tuyos lágrimas un día.

2

Yo no lo quiero, Amada.

Para que nada nos amarre
que no nos una nada.

Ni la palabra que aromó tu boca,
ni lo que no dijeron las palabras.

Ni la fiesta de amor que no tuvimos,
ni tus sollozos junto a la ventana.

3

(Amo el amor de los marineros
que besan y se van.

Dejan una promesa.
No vuelven nunca más.

En cada puerto una mujer espera,
los marineros besan y se van.

Una noche se acuestan con la muerte
en el lecho del mar.)

4

Amo el amor que se reparte
en besos, lecho y pan.

Amor que puede ser eterno
y puede ser fugaz.

Amor que quiere libertarse
para volver a amar.

Amor divinizado que se acerca.
Amor divinizado que se va.

Per quegli occhi aperti sulla terra
vedrò un giorno lacrime nei tuoi.

2
Io non lo voglio, Amata.

Perché nulla ci leghi
che non ci unisca nulla.

Né la parola che profumò la tua bocca,
né ciò che non dissero le parole.

Né la festa d'amore che non avemmo,
né i tuoi singhiozzi presso la finestra.

3
(Amo l'amore dei marinai
che baciano e se ne vanno.

Lasciano una promessa.
Non tornano mai piú.

In ogni porto una donna attende,
i marinai baciano e se ne vanno.

Una notte si coricano con la morte
nel letto del mare.)

4
Amo l'amore che si distribuisce
in baci, letto e pane.

Amore che può essere eterno
e può essere fugace.

Amore che vuol liberarsi
per tornare ad amare.

Amore divinizzato che s'avvicina.
Amore divinizzato che se ne va.

5

Ya no se encantarán mis ojos en tus ojos,
ya no endulzará junto a ti mi dolor.

Pero hacia donde vaya llevaré tu mirada
y hacia donde camines llevarás mi dolor.

Fui tuyo, fuiste mía. Qué más? Juntos hicimos
un recodo en la ruta donde el amor pasó.

Fui tuyo, fuiste mía. Tú serás del que te ame,
del que corte en tu huerto lo que he sembrado yo.

Yo me voy. Estoy triste; pero siempre estoy triste.
Vengo desde tus brazos. No sé hacia dónde voy.

...Desde tu corazón me dice adiós un niño.
Y yo le digo adiós.

AMOR

Mujer, yo hubiera sido tu hijo, por beberte
la leche de los senos como de un manantial,
por mirarte y sentirte a mi lado y tenerte
en la risa de oro y la voz de cristal.

Por sentirte en mis venas como Dios en los ríos
y adorarte en los tristes huesos de polvo y cal,
porque tu ser pasara sin pena al lado mío,
y saliera en la estrofa – limpio de todo mal –.

...Cómo sabría amarte, mujer, cómo sabría
amarte, amarte como nadie supo jamás.
Morir y todavía
amarte más.
Y todavía
amarte más
y más.

5

Più non s'incanteranno i miei occhi nei tuoi occhi,
più non s'addolcirà vicino a te il mio dolore.

Ma dove andrò porterò il tuo sguardo
e dove camminerai porterai il mio dolore.

Fui tuo, fosti mia. Che più? Insieme facemmo
un angolo nella strada dove l'amore passò.

Fui tuo, fosti mia. Tu sarai di colui che t'amerà,
di colui che taglierà nel tuo orto ciò che ho seminato io.

Me ne vado. Sono triste; ma sempre sono triste.
Vengo dalle tue braccia. Non so dove vado.

...Dal tuo cuore un bimbo mi dice addio.
E io gli dico addio.

AMORE

Donna, io sarei stato tuo figlio, per berti
il latte dei seni come da una sorgente,
per guardarti e sentirti al mio fianco e averti
nel riso d'oro e nella voce di cristallo.

Per sentirti nelle mie vene come Dio nei fiumi
e adorarti nelle tristi ossa di polvere e di calce,
perché il tuo essere passasse senza pena al mio fianco,
e uscisse nella strofa – puro d'ogni male –.

...Come saprei amarti, donna, come saprei
amarti, amarti come nessuno seppe mai.
Morire e ancor più
amarti.
E ancor più
amarti
        e ancor piú.

POEMA EN DIEZ VERSOS

Era mi corazón un ala viva y turbia
y pavorosa ala de anhelo.

Era la Primavera sobre los campos verdes.
Azul era la altura y era esmeralda el suelo.

Ella – la que me amaba – se murió en Primavera.
Recuerdo aún sus ojos de paloma en desvelo.

Ella – la que me amaba – cerró los ojos. Tarde.
Tarde de campo, azul. Tarde de alas y vuelos.

Ella – la que me amaba – se murió en Primavera.
Y se llevó la Primavera al cielo.

EL PUEBLO

La sombra de este monte protector y propicio,
como una manta indiana fresca y rural me cubre:
bebo el azul del cielo por mis ojos sin vicio
como un ternero mama la leche de las ubres.

Al pie de la colina se extiende el pueblo, y siento,
sin quererlo, el rodar de los tranways urbanos:
una iglesia se eleva para clavar el viento,
pero el muy vagabundo se le va de las manos.

Pueblo, eres triste y gris. Tienes las calles largas,
y un olor de almacén por tus calles pasea.
El agua de tus pozos la encuentro más amarga.
Las almas de tus hombres me parecen más feas.

No saben la belleza de un surtidor que canta,
ni del que la trasvasa floreciendo un concepto.
Sin detenerse, como el agua en la garganta,
desde sus corazones se va el verso perfecto.

POEMA IN DIECI VERSI

Era il mio cuore un'ala viva e torbida
e paurosa ala d'anelito.
Era Primavera sui campi verdi.
Azzurra era l'altezza ed era smeraldo il suolo.
Lei – quella che mi amava – morì in Primavera.
Ricordo ancora i suoi occhi di colomba in ansia.
Lei – quella che mi amava – chiuse gli occhi. Sera.
Sera di campo, azzurro. Sera d'ali e di voli.
Lei – quella che mi amava – morì in Primavera.
E si portò la Primavera in cielo.

IL VILLAGGIO

L'ombra di questo monte protettore e propizio,
come una coperta india fresca e rurale mi copre;
bevo l'azzurro del cielo attraverso i miei occhi senza vizio
come un vitello succhia il latte dalle mammelle.

Al piè della collina si stende il villaggio, e sento,
senza volerlo, il rotolare dei tramvai urbani;
una chiesa s'innalza per inchiodare il vento,
ma il vagabondo le scappa dalle mani.

Villaggio, sei triste e grigio. Hai le strade lunghe,
e un odor di bottega passeggia per le tue strade.
L'acqua dei tuoi pozzi la trovo più amara.
Le anime dei tuoi uomini mi sembrano più brutte.

Non sanno la bellezza di uno zampillo che canta,
né di colui che lo travasa fiorendo un concetto.
Senza fermarsi, come l'acqua nella gola,
dai loro cuori esce il verso perfetto.

El pueblo es gris y triste. Si estoy ausente pienso
que la ausencia parece que lo acercara a mí.
Regreso, y hasta el cielo tiene un bostezo inmenso.
Y crece en mi alma un odio, como el de antes, intenso.

Pero ella vive aquí.

CUERPO DE MUJER...

Cuerpo de mujer, blancas colinas, muslos blancos,
te pareces al mundo en tu actitud de entrega.
Mi cuerpo de labriego salvaje te socava
y hace saltar el hijo del fondo de la tierra.

Fui solo como un túnel. De mí huían los pájaros,
y en mí la noche entraba su invasión poderosa.
Para sobrevivirme te forjé como un arma,
como una flecha en mi arco, como una piedra en mi honda.

Pero cae la hora de la venganza, y te amo.
Cuerpo de piel, de musgo, de leche ávida y firme.
Ah los vasos del pecho! Ah los ojos de ausencia!
Ah las rosas del pubis! Ah tu voz lenta y triste!

Cuerpo de mujer mía, persistiré en tu gracia.
Mi sed, mi ansia sin límite, mi camino indeciso!
Oscuros cauces donde la sed eterna sigue,
y la fatiga sigue, y el dolor infinito.

EN SU LLAMA MORTAL...

En su llama mortal la luz te envuelve.
Absorta, pálida doliente, así situada
contra las viejas hélices del crepúsculo
que en torno a ti da vueltas.
Muda, mi amiga,

Il villaggio è grigio e triste. Se sono assente penso
che l'assenza sembra che l'avvicini a me.
Ritorno, e anche il cielo ha uno sbadiglio immenso.
E cresce nella mia anima un odio, come quello di prima, intenso.

Ma lei abita qui.

CORPO DI DONNA...

Corpo di donna, bianche colline, cosce bianche
tu rassomigli al mondo nel tuo atteggiamento d'abbandono.
Il mio corpo di contadino selvaggio ti scava
e fa scaturire il figlio dal fondo della terra.

Sono stato solo come un tunnel. Da me fuggivano gli uccelli
e in me la notte entrava con la sua invasione possente.
Per sopravvivermi ti ho forgiato come un'arma,
come una freccia al mio arco, come una pietra nella mia fionda.

Ma cade l'ora della vendetta, e ti amo.
Corpo di pelle, di muschio, di latte avido e fermo.
Ah le coppe del petto! Ah gli occhi d'assenza!
Ah le rose del pube! Ah la tua voce lenta e triste!

Corpo di donna mia, persisterò nella tua grazia.
La mia sete, la mia ansia senza limite, la mia strada indecisa!
Oscuri fiumi dove la sete eterna continua,
e la fatica continua, e il dolore infinito.

NELLA SUA FIAMMA MORTALE...

Nella sua fiamma mortale la luce ti avvolge,
assorta, pallida dolente, così disposta
contro le vecchie eliche del crepuscolo
che gira intorno a te.
Muta, amica mia,

sola en lo solitario de esta hora de muertes
y llena de las vidas del fuego,
pura heredera del día destruido.
Del sol cae un racimo en tu vestido oscuro.
De la noche las grandes raíces
crecen de súbito desde tu alma,
y a lo exterior regresan las cosas en ti ocultas,
de modo que un pueblo pálido y azul
de ti recién nacido se alimenta.

Oh grandiosa y fecunda y magnética esclava
del círculo que en negro y dorado sucede:
erguida, trata y logra una creación tan viva
que sucumben sus flores, y llena es de tristeza.

AH VASTEDAD DE PINOS...

Ah vastedad de pinos, rumor de olas quebrándose,
lento juego de luces, campana solitaria,
crepúsculo cayendo en tus ojos, muñeca,
caracola terrestre, en ti la tierra canta!

En ti los ríos cantan y mi alma en ellos huye
como tú lo desees y hacia donde tú quieras.
Márcame mi camino en tu arco de esperanza
y soltaré en delirio mi bandada de flechas.

En torno a mí estoy viendo tu cintura de niebla
y tu silencio acosa mis horas perseguidas,
y eres tú con tus brazos de piedra transparente
donde mis besos anclan y mi húmeda ansia anida.

Ah tu voz misteriosa que el amor tiñe y dobla
en el atardecer resonante y muriendo!
Así en horas profundas sobre los campos he visto
doblarse las espigas en la boca del viento.

sola nella solitudine di quest'ora di morte
e piena delle vite del fuoco,
pura ereditiera del giorno distrutto.
Dal sole cade un grappolo sul tuo vestito oscuro.

Le grandi radici della notte
crescono d'improvviso dalla tua anima,
e all'esterno tornano le cose in te nascoste,
così che un villaggio pallido e azzurro
appena sorto da te si alimenta.

Oh grandiosa e feconda e magnetica schiava
del circolo che in nero e oro succede:
eretta, tratta e ottiene una creazione sì viva
che soccombono i suoi fiori, ed è piena di tristezza.

AH VASTITÀ DI PINI...

Ah vastità di pini, rumore d'onde che si frangono,
lento gioco di luci, campana solitaria,
crepuscolo che cade nei tuoi occhi, bambola,
chiocciola terrestre, in te la terra canta!

In te i fiumi cantano e in essi l'anima mia fugge
come tu desideri e verso dove tu vorrai.
Segnami la mia strada nel tuo arco di speranza
e lancerò in delirio il mio stormo di frecce.

Intorno a me sto osservando la tua cintura di nebbia
e il tuo silenzio incalza le mie ore inseguite,
e sei tu con le tue braccia di pietra trasparente
dove i miei baci si ancorano e la mia umida ansia s'annida.

Ah la tua voce misteriosa che l'amore tinge e piega
nel crepuscolo risonante e che muore!
Così in ore profonde sopra i campi ho visto
piegarsi le spighe sulla bocca del vento.

ES LA MAÑANA LLENA...

Es la mañana llena de tempestad
en el corazón del verano.

Como pañuelos blancos de adiós viajan las nube,
el viento las sacude con sus viajeras manos.

Innumerable corazón del viento
latiendo sobre nuestro silencio enamorado.

Zumbando entre los árboles, orquestal y divino,
como una lengua llena de guerras y de cantos.

Viento que lleva en rápido robo la hojarasca
y desvía las flechas latientes de los pájaros.

Viento que la derriba en ola sin espuma
y sustancia sin peso, y fuegos inclinados.

Se rompe y se sumerge su volumen de besos
combatido en la puerta del viento del verano.

PARA QUE TÚ ME OIGAS...

Para que tú me oigas
mis palabras
se adelgazan a veces
como las huellas de las gaviotas en las playas.

Collar, cascabel ebrio
para tus manos suaves como las uvas.

Y las miro lejanas mis palabras.
Más que mías son tuyas.
Van trepando en mi viejo dolor como las yedras.

È IL MATTINO PIENO...

È il mattino pieno di tempesta
nel cuore dell'estate.

Come bianchi fazzoletti d'addio viaggiano le nubi,
il vento le scuote con le sue mani viaggianti.

Cuore innumerevole del vento
che palpiti sul nostro silenzio innamorato.

Ronzando tra gli alberi, orchestrale e divino,
come una lingua piena di guerre e di canti.

Vento che porti in ratto rapido il fogliame
e devii le frecce palpitanti degli uccelli.

Vento che l'abbatte in onda senza schiuma
e in sostanza senza peso, e fuochi inclinati.

Si rompe e si sommerge il suo volume di baci
combattuto sulla porta del vento dell'estate.

PERCHÉ TU MI ODA...

Perché tu mi oda
le mie parole
a volte si assottigliano
come le orme dei gabbiani sulle spiagge.

Collana, sonaglio ebbro
per le tue mani dolci come l'uva.

E le vedo lontane le mie parole.
Più che mie esse son tue.
Si arrampicano sul mio vecchio dolore come l'edera.

Ellas trepan así por las paredes húmedas.
Eres tú la culpable de este juego sangriento.
Ellas están huyendo de mi guarida obscura.
Todo lo llenas tú, todo lo llenas.

Antes que tú poblaron la soledad que ocupas,
y están acostumbradas más que tú a mi tristeza.

Ahora quiero que digan lo que quiero decirte
para que tú oigas como quiero que me oigas.

El viento de la angustia aún las suele arrastrar.
Huracanes de sueños aún a veces las tumban.
Escuchas otras voces en mi voz dolorida.

Llanto de viejas bocas, sangre de viejas súplicas.
Ámame, compañera. No me abandones. Sígueme.
Sígueme, compañera, en esa ola de angustia.

Pero se van tiñendo con tu amor mis palabras.
Todo lo ocupas tú, todo lo ocupas.

Voy haciendo de todas un collar infinito
para tus blancas manos, suaves como las uvas.

TE RECUERDO COMO ERAS...

Te recuerdo como eras en el último otoño.
Eras la boina gris y el corazón en calma.
En tus ojos peleaban las llamas del crepúsculo.
Y las hojas caían en el agua de tu alma.

Apegada a mis brazos como una enredadera,
las horas recogían tu voz lenta y en calma.
Hoguera de estupor en que mi sed ardía.
Dulce jacinto azul torcido sobre mi alma.

Si arrampicano così sulle pareti umide.
Sei tu la colpevole di questo gioco sanguinoso.
Esse fuggono dal mio rifugio oscuro.
Tu riempi tutto, tutto riempi.

Prima di te popolarono la solitudine che occupi,
e sono abituate più di te alla mia tristezza.

Ora voglio che dicano ciò che voglio dirti
perché tu oda come voglio che m'oda.

Il vento dell'angoscia ancora le trascina.
Uragani di sogni a volte ancora le abbattono.
Senti altre voci nella mia voce addolorata.

Pianto di vecchie bocche, sangue di vecchie suppliche.
Amami, compagna. Non abbandonarmi. Seguimi.
Seguimi, compagna, in quest'onda di angoscia.

Ma vanno tingendosi del tuo amore le mie parole.
Tu occupi tutto, tutto occupi.

Ne farò di tutte una collana infinita
per le tue mani bianche, dolci come l'uva.

TI RICORDO COME ERI...

Ti ricordo come eri nell'ultimo autunno.
Eri il berretto grigio e il cuore in calma.
Nei tuoi occhi lottavano le fiamme del crepuscolo.
E le foglie cadevano nell'acqua della tua anima.

Stretta alle mie braccia come un rampicante,
le ore raccoglievano la tua voce lenta e in calma.
Fuoco di stupore in cui la mia sete ardeva.
Dolce giacinto azzurro attorto alla mia anima.

Siento viajar tus ojos y es distante el otoño:
boina gris, voz de pájaro y corazón de casa
hacia donde emigraban mis profundos anhelos
y caían mis besos alegres como brasas.

Cielo desde un navío. Campo desde los cerros:
tu recuerdo es de luz, de humo, de estanque en calma!
Más allá de tus ojos ardían los crepúsculos.
Hojas secas de otoño giraban en tu alma.

INCLINADO EN LAS TARDES...

Inclinado en las tardes tiro mis tristes redes
a tus ojos oceánicos.

Allí se estira y arde en la más alta hoguera
mi soledad que da vueltas los brazos como un náufrago.

Hago rojas señales sobre tus ojos ausentes
que olean como el mar a la orilla de un faro.

Sólo guardas tinieblas, hembra distante y mía,
de tu mirada emerge a veces la costa del espanto.

Inclinado en las tardes echo mis tristes redes
a ese mar que sacude tus ojos oceánicos.

Los pájaros nocturnos picotean las primeras estrellas
que centellean como mi alma cuando te amo.

Galopa la noche en su yegua sombría
desparramando espigas azules sobre el campo.

Sento viaggiare i tuoi occhi ed è distante l'autunno:
berretto grigio, voce d'uccello e cuore di casa
verso cui emigravano i miei profondi aneliti
e cadevano i miei baci allegri come brage.

Cielo da un naviglio. Campo dalle colline:
il tuo ricordo è di luce, di fumo, di stagno in calma!
Oltre i tuoi occhi ardevano i crepuscoli.
Foglie secche d'autunno giravano nella tua anima.

CHINO SULLE SERE...

Chino sulle sere tiro le mie tristi reti
ai tuoi occhi oceanici.

Lì si distende e arde nel più alto fuoco
la mia solitudine che fa girare le braccia come un naufrago.

Faccio rossi segnali ai tuoi occhi assenti
che ondeggiano come il mare sulla riva di un faro.

Conservi solo tenebre, donna distante e mia,
dal tuo sguardo emerge a volte la costa del terrore.

Chino sulle sere getto le mie tristi reti
in quel mare che scuote i tuoi occhi oceanici.

Gli uccelli notturni beccano le prime stelle
che scintillano come la mia anima quando ti amo.

Galoppa la notte sulla sua cavalla cupa
spargendo spighe azzurre sul prato.

ABEJA BLANCA ZUMBAS...

Abeja blanca zumbas, ebria de miel, en mi alma
y te tuerces en lentas espirales de humo.

Soy el desesperado, la palabra sin ecos,
el que lo perdió todo, y el que todo lo tuvo.
Última amarra, cruje en ti mi ansiedad última.
En mi tierra desierta eres la última rosa

Ah silenciosa!

Cierra tus ojos profundos. Allí aletea la noche.
Ah desnuda tu cuerpo de estatua temerosa.

Tienes ojos profundos donde la noche alea.
Frescos brazos de flor y regazo de rosa.

Se parecen tus senos a los caracoles blancos.
Ha venido a dormirse en tu vientre una mariposa de sombra.

Ah silenciosa!

He aquí la soledad de donde estás ausente.
Llueve. El viento del mar caza errantes gaviotas.

El agua anda descalza por las calles mojadas.
De aquel árbol se quejan, como enfermos, las hojas.

Abeja blanca, ausente, aún zumbas en mi alma.
Revives en el tiempo, delgada y silenciosa.

Ah silenciosa!

BIANCA APE RONZI...

Bianca ape ronzi, ebbra di miele, nella mia anima
e ti contorci in lente spirali di fumo.

Sono il disperato, la parola senza echi,
colui che tutto perse, e colui che tutto ebbe.
Ultima gòmena, scricchiola in te la mia ansietà ultima.
Nella mia terra deserta sei l'ultima rosa.

Ah silenziosa!

Chiudi i tuoi occhi profondi. Lì aleggia la notte,
Ah denuda il tuo corpo di statua timorosa.

Possiedi occhi profondi dove la notte aleggia.
Fresche braccia di fiore e grembo di rosa.

I tuoi seni rassomigliano alle conchiglie bianche.
Sul tuo ventre è venuta a dormire una farfalla d'ombra.

Ah silenziosa!

Ecco la solitudine da dove sei assente.
Piove. Il vento del mare caccia gabbiani erranti.

L'acqua va scalza per le strade bagnate.
Da quell'albero si lamentano, come infermi, le foglie.

Bianca ape, assente, ancora ronzi nella mia anima.
Rivivi nel tempo, sottile e silenziosa.

Ah silenziosa!

EBRIO DE TREMENTINA...

Ebrio de trementina y largos besos,
estival, el velero de las rosas dirijo,
torcido hacia la muerte del delgado día,
cimentado en el sólido frenesí marino.

Pálido y amarrado a mi agua devorante
cruzo en el agrio olor del clima descubierto,
aún vestido de gris y sonidos amargos,
y una cimera triste de abandonada espuma.

Voy, duro de pasiones, montado en mi ola única,
lunar, solar, ardiente y frío, repentino,
dormido en la garganta de las afortunadas
islas blancas y dulces como caderas frescas.

Tiembla en la noche húmeda mi vestido de besos
locamente cargado de eléctricas gestiones,
de modo heroico dividido en sueños
y embriagadoras rosas practicándose en mí.

Aguas arriba, en medio de las olas externas,
tu paralelo cuerpo se sujeta en mis brazos
como un pez infinitamente pegado a mi alma
rápido y lento en la energía subceleste.

HEMOS PERDIDO AÚN...

Hemos perdido aún este crepúsculo.
Nadie nos vió esta tarde con las manos unidas
mientras la noche azul caía sobre el mundo.

He visto desde mi ventana
la fiesta del poniente en los cerros lejanos.

A veces como una moneda
se encendía un pedazo de sol entre mis manos.

EBBRO DI TREMENTINA...

Ebbro di trementina e di lunghi baci,
estivo, guido il veliero delle rose,
deviato verso la morte dell'esile giorno,
fondato sulla solida frenesia marina.

Pallido e ancorato alla mia acqua divorante
passo nell'acre odore del clima scoperto,
vestito ancora di grigio e di suoni amari,
e una cresta triste di schiuma abbandonata.

Vado, duro di passioni, a cavallo della mia unica onda,
lunare, solare, ardente e freddo, repentino,
addormentato nella gola delle fortunate
isole bianche e dolci come fianchi freschi.

Trema nella notte umida il mio vestito di baci
carico pazzamente di elettriche sollecitazioni,
in modo eroico diviso in sogni
e inebrianti rose che si praticano in me.

Su per le acque, in mezzo alle onde esterne,
il tuo corpo parallelo si stringe nelle mie braccia
come un pesce infinitamente incollato alla mia anima
rapido e lento nell'energia subceleste.

ABBIAMO PERSO ANCORA...

Abbiamo perso ancora questo crepuscolo.
Nessuno ci vide questa sera con le mani unite
mentre la notte azzurra cadeva sopra il mondo.

Dalla mia finestra ho visto
la festa del tramonto sopra i colli lontani.

A volte come una moneta
s'accendeva un pezzo di sole tra le mie mani.

Yo te recordaba con el alma apretada
de esa tristeza que tú me conoces.

Entonces dónde estabas?
Entre qué gentes?
Diciendo qué palabras?
Por qué se me vendrá todo el amor de golpe
cuando me siento triste, y te siento lejana?

Cayó el libro que siempre se toma en el crepúsculo,
y como un perro herido rodó a mis pies mi capa.

Siempre, siempre te alejas en las tardes
hacia donde el crepúsculo corre borrando estatuas.

CASI FUERA DEL CIELO...

Casi fuera del cielo ancla entre dos montañas
la mitad de la luna.
Girante, errante noche, la cavadora de ojos.
A ver cuántas estrellas trizadas en la charca.

Hace una cruz de luto entre mis cejas, huye.
Fragua de metales azules, noche de las calladas luchas,
mi corazón da vueltas como un volante loco.

Niña venida de tan lejos, traída de tan lejos,
a veces fulgurece su mirada debajo del cielo.
Quejumbre, tempestad, remolino de furia,
cruza encima de mi corazón, sin detenerte.
Viento de los sepulcros acarrea, destroza, dispersa tu raíz
                                                    soñolienta.

Desarraiga los grandes árboles al otro lado de ella.
Pero tú, clara niña, pregunta de humo, espiga.
Era la que iba formando el viento con hojas iluminadas.
Detrás de las montañas nocturnas, blanco lirio de incendio,
ah nada puedo decir! Era hecha de todas las cosas.

Io ti ricordavo con l'anima oppressa
da quella tristezza che tu mi conosci.

Allora dove eri?
Tra quali genti?
Dicendo quali parole?
Perché mi verrà di colpo tutto l'amore
quando mi sento triste, e ti sento lontana?

Il libro che sempre si prende nel crepuscolo è caduto,
e il mio mantello è rotolato ai miei piedi come un cane ferito.

Sempre, sempre ti allontani nelle sere
là dove corre il crepuscolo cancellando statue.

QUASI FUORI DAL CIELO...

Quasi fuori dal cielo si àncora tra due montagne
la metà della luna.
Girevole, errante notte, la scavatrice d'occhi.
Vediamo quante stelle sbriciolate nella pozzanghera.

Fa una nera croce tra le mie ciglia, fugge.
Fucina di metalli azzurri, notte delle lotte silenziose,
il mio cuore gira come un volante impazzito.

Fanciulla venuta da così lontano, portata da così lontano,
a volte il suo sguardo sfavilla sotto il cielo.
Lamento, tempesta, turbine di furia,
passa sopra il mio cuore, senza fermarti.
Vento dei sepolcri trasporta, distruggi, disperdi la tua radice
                                                    sonnolenta.

Sradica i grandi alberi dall'altro lato di lei.
Ma tu, chiara bimba, domanda di fumo, spiga.
Era quella che il vento andava formando con foglie illuminate.
Dietro le montagne notturne, bianco giglio d'incendio,
ah nulla posso dire! Era fatta di tutte le cose.

Ansiedad que partiste mi pecho a cuchillazos,
es hora de seguir otro camino, donde ella no sonría.
Tempestad que enterró las campanas, turbio revuelo de tormentas
para qué tocarla ahora, para qué entristecerla.

Ay seguir el camino que se aleja de todo,
donde no esté atajando la angustia, la muerte, el invierno,
con sus ojos abiertos entre el rocío.

PARA MI CORAZÓN...

Para mi corazón basta tu pecho,
para tu libertad bastan mis alas.
Desde mi boca llegará hasta el cielo,
lo que estaba dormido sobre tu alma.

Es en ti la ilusión de cada día.
Llegas como el rocío a las corolas.
Socavas el horizonte con tu ausencia.
Eternamente en fuga como la ola.

He dicho que cantabas en el viento
como los pinos y como los mástiles.
Como ellos eres alta y taciturna.
Y entristeces de pronto, como un viaje.

Acogedora como un viejo camino.
Te pueblan ecos y voces nostálgicas.
Yo desperté y a veces emigran y huyen
pájaros que dormían en tu alma.

HE IDO MARCANDO...

He ido marcando con cruces de fuego
el atlas blanco de tu cuerpo.
Mi boca era una araña que cruzaba escondiéndose.
En ti, detrás de ti, temerosa, sedienta.

Ansietà che apristi il mio cuore a coltellate,
è ora di seguire altra strada, dove lei non sorrida.
Tempesta che sotterrò le campane, torbido svolazzare di tormente,
perché toccarla ora, perché rattristarla.

Ahi seguire la strada che si allontana da tutto,
dove non stiano in agguato l'angoscia, la morte, l'inverno,
con i loro occhi aperti tra la rugiada.

PER IL MIO CUORE...

Per il mio cuore basta il tuo petto,
per la tua libertà bastano le mie ali.
Dalla mia bocca arriverà fino al cielo,
ciò ch'era addormentato sulla tua anima.

In te è l'illusione di ogni giorno.
Giungi come la rugiada alle corolle.
Scavi l'orizzonte con la tua assenza.
Eternamente in fuga come l'onda.

Ho detto che cantavi nel vento
come i pini e come gli alberi di nave.
Com'essi sei alta e taciturna.
E ti rattristi d'improvviso, come un viaggio.

Accogliente come una vecchia strada.
Ti popolano echi e voci nostalgiche.
Mi son svegliato e a volte emigrano e fuggono
uccelli che dormivano nella tua anima.

SONO ANDATO SEGNANDO...

Sono andato segnando con croci di fuoco
l'atlante bianco del tuo corpo.
La mia bocca era un ragno che passava nascondendosi.
In te, dietro te, timoroso, assetato.

Historias que contarte a la orilla del crepúsculo,
muñeca triste y dulce, para que no estuvieras triste.
Un cisne, un árbol, algo lejano y alegre.
El tiempo de las uvas, el tiempo maduro y frutal.
Yo que viví en un puerto desde donde te amaba.
La soledad cruzada de sueño y de silencio.
Acorralado entre el mar y la tristeza.
Callado, delirante, entre dos gondoleros inmóviles.

Entre los labios y la voz, algo se va muriendo.
Algo con alas de pájaro, algo de angustia y de olvido.
Así como las redes no retienen el agua.
Muñeca mía, apenas quedan gotas temblando.
Sin embargo algo canta entre estas palabras fugaces.
Algo canta, algo sube hasta mi ávida boca.
Oh poder celebrarte con todas las palabras de alegría.

Cantar, arder, huir, como un campanario en las manos de un loco.
Triste ternura mía, qué te haces de repente?
Cuando he llegado al vértice más atrevido y frío
mi corazón se cierra como una flor nocturna.

JUEGAS TODOS LOS DÍAS...

Juegas todos los días con la luz del universo.
Sutil visitadora, llegas en la flor y en el agua.
Eres más que esta blanca cabecita que aprieto
como un racimo entre mis manos cada día.

A nadie te pareces desde que yo te amo.
Déjame tenderte entre guirnaldas amarillas.
Quién escribe tu nombre con letras de humo entre las estrellas
                                                      del sur?
Ah déjame recordarte como eras entonces, cuando aún no existías.

De pronto el viento aúlla y golpea mi ventana cerrada.
El cielo es una red cuajada de peces sombríos.
Aquí vienen a dar todos los vientos, todos.
Se desviste la lluvia.

Storie da raccontarti sulla riva del crepuscolo,
bambola triste e dolce, perché non fossi triste.
Un cigno, un albero, qualcosa di lontano e di felice.
Il tempo dell'uva, il tempo maturo e fruttifero.
Io che vissi in un porto da dove ti amavo.
La solitudine attraversata dal sogno e dal silenzio.
Rinchiuso tra il mare e la tristezza.
Silenzioso, delirante, tra due gondolieri immobili.

Tra le labbra e la voce, qualcosa va morendo.
Qualcosa con ali d'uccello, qualcosa d'angoscia e d'oblio.
Così come le reti non trattengono l'acqua.
Bambola mia, restano appena gocce che tremano.
Tuttavia qualcosa canta tra queste parole fugaci.
Qualcosa canta, qualcosa sale fino alla mia avida bocca.
Oh poterti celebrare con tutte le parole della gioia.

Cantare, ardere, fuggire, come un campanile nelle mani di un pazzo.
Triste tenerezza mia, cosa diventi d'improvviso?
Quando son giunto al vertice più ardito e freddo
il mio cuore si chiude come un fiore notturno.

GIOCHI OGNI GIORNO...

Giochi ogni giorno con la luce dell'universo.
Sottile visitatrice, giungi nel fiore e nell'acqua.
Sei più di questa bianca testina che stringo
come un grappolo tra le mie mani ogni giorno.

A nessuno rassomigli da che ti amo.
Lasciami stenderti tra ghirlande gialle.
Chi scrive il tuo nome a lettere di fumo tra le stelle del sud?
Ah lascia che ti ricordi come eri allora, quando ancora non
                                        esistevi.

Improvvisamente il vento ulula e sbatte la mia finestra chiusa.
Il cielo è una rete colma di pesci cupi.
Qui vengono a finire tutti i venti, tutti.
La pioggia si denuda.

Pasan huyendo los pájaros.
El viento. El viento.
Yo sólo puedo luchar contra la fuerza de los hombres.
El temporal arremolina hojas oscuras
y suelta todas las barcas que anoche amarraron al cielo.

Tú estás aquí. Ah tú no huyes.
Tú me responderás hasta el último grito.
Ovíllate a mi lado como si tuvieras miedo.
Sin embargo alguna vez corrió una sombra extraña por tus ojos.

Ahora, ahora también, pequeña, me traes madreselvas,
y tienes hasta los senos perfumados.
Mientras el viento triste galopa matando mariposas
yo te amo, y mi alegría muerde tu boca de ciruela.
Cuánto te habrá dolido acostumbrarte a mí,
a mi alma sola y salvaje, a mi nombre que todos ahuyentan.
Hemos visto arder tantas veces el lucero besándonos los ojos
y sobre nuestras cabezas destorcerse los crepúsculos en abanicos
girantes.
Mis palabras llovieron sobre ti acariciándote.
Amé desde hace tiempo tu cuerpo de nácar soleado.
Hasta te creo dueña del universo.
Te traeré de las montañas flores alegres, copihues,
avellanas oscuras, y cestas silvestres de besos.
Quiero hacer contigo
lo que la primavera hace con los cerezos.

ME GUSTAS CUANDO CALLAS...

Me gustas cuando callas porque estás como ausente,
y me oyes desde lejos y mi voz no te toca.
Parece que los ojos se te hubieran volado
y parece que un beso te cerrara la boca.

Como todas las cosas están llenas de mi alma
emerges de las cosas, llena del alma mía.
Mariposa de sueño, te pareces a mi alma,
y te pareces a la palabra melancolía.

Passano fuggendo gli uccelli.
Il vento. Il vento.
Io posso lottare solamente contro le forze degli uomini.
Il temporale solleva in turbine foglie oscure
e scioglie tutte le barche che iersera s'ancorarono al cielo.

Tu sei qui. Ah tu non fuggi.
Tu mi risponderai fino all'ultimo grido.
Raggomìtolati al mio fianco come se avessi paura.
Tuttavia qualche volta è corsa un'ombra strana nei tuoi occhi.

Ora, anche ora, piccola, mi rechi caprifogli,
ed hai perfino i seni profumati.
Mentre il vento triste galoppa uccidendo farfalle
io ti amo, e la mia gioia morde la tua bocca di susina.
Quanto ti sarà costato abituarti a me,
alla mia anima sola e selvaggia, al mio nome che tutti allontanano.
Abbiamo visto ardere tante volte l'astro baciandoci gli occhi
e sulle nostre teste ergersi i crepuscoli in ventagli giranti.

Le mie parole piovvero su di te accarezzandoti.
Ho amato da tempo il tuo corpo di madreperla soleggiata.
Ti credo persino padrona dell'universo.
Ti porterò dalle montagne fiori allegri, *copihues*,
nocciole oscure, e ceste silvestri di baci.
Voglio fare con te
ciò che la primavera fa con i ciliegi.

MI PIACI QUANDO TACI...

Mi piaci quando taci perché sei come assente,
e mi ascolti da lungi e la mia voce non ti tocca.
Sembra che gli occhi ti sian volati via
e che un bacio ti abbia chiuso la bocca.

Poiché tutte le cose son piene della mia anima
emergi dalle cose, piena dell'anima mia.
Farfalla di sogno, rassomigli alla mia anima,
e rassomigli alla parola malinconia.

Me gustas cuando callas y estás como distante.
Y estás como quejándote, mariposa en arrullo.
Y me oyes desde lejos, y mi voz no te alcanza:
déjame que me calle con el silencio tuyo.

Déjame que te hable también con tu silencio
claro como una lámpara, simple como un anillo.
Eres como la noche, callada y constelada.
Tu silencio es de estrella, tan lejano y sencillo.

Me gustas cuando callas porque estás como ausente.
Distante y dolorosa como si hubieras muerto.
Una palabra entonces, una sonrisa bastan.
Y estoy alegre, alegre de que no sea cierto.

EN MI CIELO AL CREPÚSCULO...

En mi cielo al crepúsculo eres como una nube
y tu color y forma son como yo los quiero.
Eres mía, eres mía, mujer de labios dulces
y viven en tú vida mis infinitos sueños.

La lámpara de mi alma te sonrosa los pies,
el agrio vino mío es más dulce en tus labios,
oh segadora de mi canción de atardecer,
cómo te sienten mía mis sueños solitarios!

Eres mía, eres mía, voy gritando en la brisa
de la tarde, y el viento arrastra mi voz viuda.
Cazadora del fondo de mis ojos, tu robo
estanca como el agua tu mirada nocturna.

En la red de mi música estás presa, amor mío,
y mis redes de música son anchas como el cielo.
Mi alma nace a la orilla de tus ojos de luto.
En tus ojos de luto comienza el país del sueño.

Mi piaci quando taci e sei come distante.
E stai come lamentandoti, farfalla tubante.
E mi ascolti da lungi, e la mia voce non ti raggiunge:
lascia che io taccia col tuo silenzio.

Lascia che ti parli pure col tuo silenzio
chiaro come una lampada, semplice come un anello.
Sei come la notte, silenziosa e costellata.
Il tuo silenzio è di stella, cosí lontano e semplice.

Mi piaci quando taci perché sei come assente.
Distante e dolorosa come se fossi morta.
Allora una parola, un sorriso bastano.
E son felice, felice che non sia così.

NEL MIO CIELO AL CREPUSCOLO...

Nel mio cielo al crepuscolo sei come una nube
e il tuo colore e la forma sono come io li voglio.
Sei mia, sei mia, donna dalle labbra dolci
e vivono nella tua vita i miei sogni infiniti.

La lampada della mia anima ti fa rosei i piedi,
il mio acido vino è più dolce sulle tue labbra,
oh mietitrice della mia canzone d'imbrunire,
come ti sentono mia i miei sogni solitari!

Sei mia, sei mia, vado gridando nella brezza
della sera, e il vento trascina la mia voce vedova.
Cacciatrice del fondo dei miei occhi, il tuo furto
ristagna come l'acqua il tuo sguardo notturno.

Nella rete della mia musica sei prigioniera, amor mio,
e le mie reti di musica sono ampie come il cielo.
La mia anima nasce sulla riva dei tuoi occhi a lutto.
Nei tuoi occhi a lutto inizia il paese del sogno.

PENSANDO, ENREDANDO SOMBRAS...

Pensando, enredando sombras en la profunda soledad.
Tú también estás lejos, ah más lejos que nadie.
Pensando, soltando pájaros, desvaneciendo imágenes,
enterrando lámparas.

Campanario de brumas, qué lejos, allá arriba!
Ahogando lamentos, moliendo esperanzas sombrías,
molinero taciturno,
se te viene de bruces la noche, lejos de la ciudad.

Tu presencia es ajena, extraña a mí como una cosa.
Pienso, camino largamente, mi vida antes de ti.
Mi vida antes de nadie, mi áspera vida.
El grito frente al mar, entre las piedras,
corriendo libre, loco, en el vaho del mar.
La furia triste, el grito, la soledad del mar.
Desbocado, violento, estirado hacia el cielo.

Tú, mujer, qué eras allí, qué raya, qué varilla
de ese abanico inmenso? Estabas lejos como ahora.
Incendio en el bosque! Arde en cruces azules.
Arde, arde, llamea, chispea en árboles de luz.

Se derrumba, crepita. Incendio. Incendio.
Y mi alma baila herida de virutas de fuego.
Quién llama? Qué silencio poblado de ecos?
Hora de la nostalgia, hora de la alegría, hora de la soledad,
hora mía entre todas!

Bocina en que el viento pasa cantando.
Tanta pasión de llanto anudada a mi cuerpo.
Sacudida de todas las raíces,
asalto de todas las olas!
Rodaba, alegre, triste, interminable, mi alma.

Pensando, enterrando lámparas en la profunda soledad.

Quién eres tú, quién eres?

PENSANDO, INTRECCIANDO OMBRE...

Pensando, intrecciando ombre nella profonda solitudine.
Anche tu sei lontana, ah più lontana di tutti.
Pensando, sciogliendo uccelli, svanendo immagini,
seppellendo lampade.

Campanile di brume, come lungi, lassù!
Soffocando lamenti, macinando cupe speranze,
mugnaio taciturno,
ti cade bocconi la notte, lungi dalla città.

La tua presenza è estranea, estranea a me come una cosa.
Penso, cammino lungamente, la mia vita prima di te.
La mia vita prima di tutti, la mia aspra vita.
Il grido davanti al mare, tra le pietre,
che corre libero, pazzo, nell'alito del mare.
La furia triste, il grido, la solitudine del mare.
Sbrigliato, violento, teso verso il cielo.

Tu, donna, ch'eri lì, qual riga, qual legno
di quell'immenso ventaglio? Eri lontana come ora.
Incendio nel bosco! Arde in croci azzurre.
Arde, arde, fiammeggia, scoppietta in alberi di luce.

Si abbatte, crepita. Incendio. Incendio.
E la mia anima danza ferita da scintille di fuoco.
Chi chiama? Quale silenzio popolato d'echi?
Ora della nostalgia, ora della gioia, ora della solitudine,
ora mia tra tutte!

Tromba in cui il vento passa cantando.
Tanta passione di pianto annodata al mio corpo.
Scossa di tutte le radici,
assalto di tutte le onde!
Rotolava, allegra, triste, interminabile, la mia anima.

Pensando, sotterrando lampade nella profonda solitudine.

Chi sei tu, chi sei?

AQUÍ TE AMO

Aquí te amo.
En los oscuros pinos se desenreda el viento.
Fosforece la luna sobre las aguas errantes.
Andan días iguales persiguiéndose.

Se desciñe la niebla en danzantes figuras.
Una gaviota de plata se descuelga del ocaso.
A veces una vela. Altas, altas estrellas.
O la cruz negra de un barco.
Solo.
A veces amanezco, y hasta mi alma está húmeda.
Suena, resuena el mar lejano.
Éste es un puerto.
Aquí te amo.

Aquí te amo y en vano te oculta el horizonte.
Te estoy amando aún entre estas frías cosas.
A veces van mis besos en esos barcos graves
que corren por el mar hacia donde no llegan.
Ya me veo olvidado como estas viejas anclas.
Son más tristes los muelles cuando atraca la tarde.
Se fatiga mi vida inútilmente hambrienta.
Amo lo que no tengo. Estás tú tan distante.
Mi hastío forcejea con los lentos crepúsculos.
Pero la noche llega y comienza a cantarme.

La luna hace girar su rodaje de sueño.
Me miran con tus ojos las estrellas más grandes.
Y como yo te amo, los pinos, en el viento,
quieren cantar tu nombre con sus hojas de alambre.

NIÑA MORENA Y ÁGIL...

Niña morena y ágil, el sol que hace las frutas,
el que cuaja los trigos, el que tuerce las algas,
hizo tu cuerpo alegre, tus luminosos ojos
y tu boca que tiene la sonrisa del agua.

QUI TI AMO

Qui ti amo.
Negli oscuri pini si discioglie il vento.
Brilla la luna sulle acque erranti.
Trascorrono giorni uguali che s'inseguono.

La nebbia si scioglie in figure danzanti.
Un gabbiano d'argento si stacca dal tramonto.
A volte una vela. Alte, alte stelle.
O la croce nera di una nave.
Solo.
A volte albeggio, ed è umida persino la mia anima.
Suona, risuona il mare lontano.
Questo è un porto.
Qui ti amo.

Qui ti amo e invano l'orizzonte ti nasconde.
Ti sto amando anche tra queste fredde cose.
A volte i miei baci vanno su quelle navi gravi
che corrono per il mare verso dove non giungono.
Mi vedo già dimenticato come queste vecchie àncore.
I moli sono più tristi quando attracca la sera.
La mia vita s'affatica invano affamata.
Amo ciò che non ho. Tu sei così distante.
La mia noia combatte con i lenti crepuscoli.
Ma la notte giunge e incomincia a cantarmi.

La luna fa girare la sua pellicola di sogno.
Le stelle più grandi mi guardano con i tuoi occhi.
E poiché io ti amo, i pini, nel vento,
vogliono cantare il tuo nome con le loro foglie di filo metallico.

BIMBA BRUNA E AGILE...

Bimba bruna e agile, il sole che fa la frutta,
quello che rassoda il grano, quello che torce le alghe,
ha fatto il tuo corpo allegro, i tuoi occhi luminosi
e la tua bocca che ha il sorriso dell'acqua.

Un sol negro y ansioso se te arrolla en las hebras
de la negra melena, cuando estiras los brazos.
Tú juegas con el sol como con un estero
y él te deja en los ojos dos oscuros remansos.

Niña morena y ágil, nada hacia ti me acerca.
Todo de ti me aleja, como del mediodía.
Eres la delirante juventud de la abeja,
la embriaguez de la ola, la fuerza de la espiga.

Mi corazón sombrío te busca, sin embargo,
y amo tu cuerpo alegre, tu voz suelta y delgada.
Mariposa morena dulce y definitiva
como el trigal y el sol, la amapola y el agua.

PUEDO ESCRIBIR LOS VERSOS...

Puedo escribir los versos más tristes esta noche.

Escribir, por ejemplo: «La noche está estrellada,
y tiritan, azules, los astros, a lo lejos».

El viento de la noche gira en el cielo y canta.

Puedo escribir los versos más tristes esta noche.
Yo la quise, y a veces ella también me quiso.

En las noches como ésta la tuve entre mis brazos.
La besé tantas veces bajo el cielo infinito.

Ella me quiso, a veces yo también la quería.
Cómo no haber amado sus grandes ojos fijos.

Puedo escribir los versos más tristes esta noche.
Pensar que no la tengo. Sentir que la he perdido.

Oír la noche inmensa, más inmensa sin ella.
Y el verso cae al alma como al pasto el rocío.

Un sole nero e ansioso ti si arrotola nei fili
della nera capigliatura, quando stendi le braccia.
Tu giochi col sole come con un ruscello
e lui ti lascia negli occhi due pozze oscure.

Bimba bruna e agile, nulla mi avvicina a te.
Tutto da te mi allontana, come dal mezzogiorno.
Sei la delirante gioventù dell'ape,
l'ebbrezza dell'onda, la forza della spiga.

Il mio cuore cupo ti cerca, tuttavia,
e amo il tuo corpo allegro, la tua voce sciolta e sottile.
Farfalla bruna dolce e definitiva
come il campo di frumento e il sole, il papavero e l'acqua.

POSSO SCRIVERE I VERSI...

Posso scrivere i versi più tristi questa notte.

Scrivere, ad esempio: «La notte è stellata,
e tremolano, azzurri, gli astri, in lontananza».

Il vento della notte gira nel cielo e canta.

Posso scrivere i versi più tristi questa notte.
Io l'amai, e a volte anche lei mi amò.

Nelle notti come questa la tenni tra le mie braccia.
La baciai tante volte sotto il cielo infinito.

Lei mi amò, a volte anch'io l'amavo.
Come non amare i suoi grandi occhi fissi.

Posso scrivere i versi più tristi questa notte.
Pensare che non l'ho. Sentire che l'ho perduta.

Udire la notte immensa, più immensa senza lei.
E il verso cade sull'anima come sull'erba la rugiada.

Qué importa que mi amor no pudiera guardarla.
La noche está estrellada y ella no está conmigo.

Eso es todo. A lo lejos alguien canta. A lo lejos.
Mi alma no se contenta con haberla perdido.

Como para acercarla mi mirada la busca.
Mi corazón la busca, y ella no está conmigo.

La misma noche que hace blanquear los mismos árboles.
Nosotros, los de entonces, ya no somos los mismos.

Ya no la quiero, es cierto, pero cuánto la quise.
Mi voz buscaba el viento para tocar su oído.

De otro. Será de otro. Como antes de mis besos.
Su voz, su cuerpo claro. Sus ojos infinitos.

Ya no la quiero, es cierto, pero tal vez la quiero.
Es tan corto el amor, y es tan largo el olvido.

Porque en noches como ésta la tuve entre mis brazos,
mi alma no se contenta con haberla perdido.

Aunque éste sea el último dolor que ella me causa,
y éstos sean los últimos versos que yo le escribo.

LA CANCIÓN DESESPERADA

Emerge tu recuerdo de la noche en que estoy.
El río anuda al mar su lamento obstinado.

Abandonado como los muelles en el alba.
Es la hora de partir, oh abandonado!

Sobre mi corazón llueven frías corolas.
Oh sentina de escombros, feroz cueva de náufragos!

Che importa che il mio amore non potesse conservarla.
La notte è stellata e lei non è con me.

È tutto. In lontananza qualcuno canta. In lontananza.
La mia anima non si accontenta di averla perduta.

Come per avvicinarla il mio sguardo la cerca.
Il mio cuore la cerca, e lei non è con me.

La stessa notte che fa biancheggiare gli stessi alberi.
Noi, quelli di allora, più non siamo gli stessi.

Più non l'amo, è certo, ma quanto l'amai.
La mia voce cercava il vento per toccare il suo udito.

D'altro. Sarà d'altro. Come prima dei miei baci.
La sua voce, il suo corpo chiaro. I suoi occhi infiniti.

Più non l'amo, è certo, ma forse l'amo.
È così breve l'amore, ed è sì lungo l'oblio.

Perché in notti come questa la tenni tra le mie braccia,
la mia anima non si rassegna ad averla perduta.

Benché questo sia l'ultimo dolore che lei mi causa,
e questi siano gli ultimi versi che io le scrivo.

LA CANZONE DISPERATA

Il tuo ricordo emerge dalla notte in cui sono.
Il fiume riannoda al mare il suo lamento ostinato.

Abbandonato come i moli all'alba.
È l'ora di partire, oh abbandonato!

Sul mio cuore piovono fredde corolle.
Oh sentina di rifiuti, feroce tana di naufraghi!

En ti se acumularon las guerras y los vuelos.
De ti alzaron las alas los pájaros del canto.

Todo te lo tragaste, como la lejanía.
Como el mar, como el tiempo. Todo en ti fue naufragio!

Era la alegre hora del asalto y el beso.
La hora del estupor que ardía como un faro.

Ansiedad de piloto, furia de buzo ciego,
turbia embriaguez de amor, todo en ti fue naufragio!

En la infancia de niebla mi alma alada y herida.
Descubridor perdido, todo en ti fue naufragio!

Te ceñiste al dolor, te agarraste al deseo,
te tumbó la tristeza, todo en ti fue naufragio!

Hice retroceder la muralla de sombra,
anduve más allá del deseo y del acto.

Oh carne, carne mía, mujer que amé y perdí,
a ti en esta hora húmeda, evoco y hago canto.

Como un vaso albergaste la infinita ternura,
y el infinito olvido te trizó como a un vaso.

Era la negra, la negra soledad de las islas,
y allí, mujer de amor, me acogieron tus brazos.

Era la sed y el hambre, y tú fuiste la fruta.
Era el duelo y las ruinas, y tú fuiste el milagro.

Ah mujer, no sé cómo pudiste contenerme
en la tierra de tu alma, y en la cruz de tus brazos!

Mi deseo de ti fue el más terrible y corto,
el más revuelto y ebrio, el más tirante y ávido.

Cementerio de besos, aún hay fuego en tus tumbas,
aún los racimos arden picoteados de pájaros.

In te si accumularono le guerre e i voli.
Da te levarono le ali gli uccelli del canto.

Tutto hai inghiottito, come la lontananza.
Come il mare, come il tempo. Tutto in te fu naufragio!

Era l'ora felice dell'assalto e del bacio.
L'ora dello stupore che ardeva come un faro.

Ansietà di nocchiero, furia di palombaro cieco,
torbida ebbrezza d'amore, tutto in te fu naufragio!

Nell'infanzia di nebbia la mia anima alata e ferita.
Scopritore perduto, tutto in te fu naufragio!

Ti attaccasti al dolore, ti aggrappasti al desiderio,
ti abbatté la tristezza, tutto in te fu naufragio!

Feci retrocedere la muraglia d'ombra,
andai oltre il desiderio e l'atto.

Oh carne, carne mia, donna che amai e persi,
te, in quest'ora umida, evoco e canto.

Come una coppa albergasti l'infinita tenerezza,
e l'infinito oblio t'infranse come una coppa.

Era la nera, nera solitudine delle isole,
e lì, donna d'amore, mi accolsero le tue braccia.

Era la sete e la fame, e tu fosti la frutta.
Erano il dolore e le rovine, e tu fosti il miracolo.

Ah donna, non so come hai potuto contenermi
nella terra della tua anima, nella croce delle tue braccia!

Il mio desiderio di te fu il più terribile e corto,
il più sconvolto ed ebbro, il più teso e avido.

Cimitero di baci, c'è ancora fuoco nelle tue tombe,
ancora ardono i grappoli sbeccuzzati d'uccelli.

Oh la boca mordida, oh los besados miembros,
oh los hambrientos dientes, oh los cuerpos trenzados.

Oh la cópula loca de esperanza y esfuerzo
en que nos anudamos y nos desesperamos.

Y la ternura, leve como el agua y la harina.
Y la palabra apenas comenzada en los labios.

Ese fue mi destino y en él viajó mi anhelo,
y en él cayó mi anhelo, todo en ti fue naufragio!

Oh sentina de escombros, en ti todo caía,
qué dolor no exprimiste, qué dolor no te ahogaba.

De tumbo en tumbo aún llameaste y cantaste.
De pie como un marino en la proa de un barco.

Aún floreciste en cantos, aún rompiste en corrientes.
Oh sentina de escombros, pozo abierto y amargo.

Pálido buzo ciego, desventurado hondero,
descubridor perdido, todo en ti fue naufragio!

Es la hora de partir, la dura y fría hora
que la noche sujeta a todo horario.

El cinturón ruidoso del mar ciñe la costa.
Surgen frías estrellas, emigran negros pájaros.

Abandonado como los muelles en el alba.
Sólo la sombra trémula se retuerce en mis manos.

Ah más allá de todo. Ah más allá de todo.

Es la hora de partir. Oh abandonado!

Oh la bocca morsa, oh le baciate membra,
oh gli affamati denti, oh i corpi intrecciati.

Oh la copula pazza di speranza e di vigore
in cui ci annodammo e ci disperammo.

E la tenerezza, lieve come l'acqua e la farina.
E la parola appena incominciata sulle labbra.

Questo fu il mio destino e in esso viaggiò il mio anelito,
e in esso cadde il mio anelito, tutto in te fu naufragio!

Oh sentina di rifiuti, in te tutto cadeva,
che dolore non spremesti, che dolore non ti soffocava.

Di caduta in caduta ancora fiammeggiasti e cantasti.
In piedi come un marinaio sulla prua di una nave.

Ancora fioristi in canti, ancora prorompesti in correnti.
Oh sentina di rifiuti, pozzo aperto e amaro.

Pallido palombaro cieco, sventurato fromboliere,
scopritore perduto, tutto in te fu naufragio!

È l'ora di partire, la dura e fredda ora
che la notte lega ad ogni orario.

Il cinturone rumoroso del mare cinge la costa.
Sorgono stelle fredde, emigrano neri uccelli.

Abbandonato come i moli nell'alba.
Solo l'ombra tremola si contorce nelle mie mani.

Ah più in là di ogni cosa. Ah più in là di ogni cosa.

È l'ora di partire. Oh abbandonato!

TRISTEZA

Duerme el farero de Ilela debajo de las linternas fijas, discontinuas, el mar atropella las vastedades del cielo, ahuyentan hacia el oeste las resonancias repetidas, más arriba miro, recién construyéndose, el hangar de rocíos que se caen. En la mano me crece una planta salvaje, pienso en la hija del farero, Mele, que yo tanto amaba. Puedo decir que me hallaba cada vez su presencia, me la hallaba como los caracoles de esta costa. Aun es la noche, pavorosa de oquedades, empollando el alba y los peces de todas las redes. De sus ojos a su boca hay la distancia de dos besos, apretándolos, demasiado juntos, en la frágil porcelana. Tenía la palidez de los relojes, ella también, la pobre Mele, de sus manos salía la luna, caliente aún como un pájaro prisionero. Hablan las aguas negras, viniéndose y rodándose lamentan el oscuro concierto hasta las paredes lejanas, las noches del sur desvelan a los centinelas despiertos y se mueven a grandes saltos azules y revuelven las joyas del cielo. Diré que la recuerdo, la recuerdo; para no romper la amanecida venía descalza, y aún no se retiraba la marea de sus ojos. Se alejaron los pájaros de su muerte como de los inviernos y de los metales.

LA QUERIDA DEL ALFÉREZ

Tan vestidos de negros los ojos de Carmela (Hotel Welcome, frente a la Prefectura) fulguran en las armas del alférez. Él se desmonta del atardecer y boca abajo permanece callado. Su corazón está hecho de cuadros negros y blancos, tablero de días y noches. Saldré alguna vez de esto, cantan los trenes del norte, del sur y los ramales. El viento llena de pájaros y de hojas, los alambres, las avenidas del pueblo.

Para reconocerla a ella (Hotel Welcome, a la izquierda en el corredor) basta la abeja colorada que tiene en la boca. Un invierno de vidrios mojados, su pálido abanico.

Hay algo que perder detrás del obstáculo de cada día. Una sortija, un pensamiento, algo se pierde. Por enfermedad tenía ese amor silencioso.

TRISTEZZA

Dorme il guardiano del faro di Ilela sotto le lanterne immobili, discontinue, il mare investe le estensioni del cielo, fanno fuggire verso l'ovest le risonanze ripetute, vedo più in alto, mentre appena si costruisce, l'hangar di rugiade che cadono. Nella mano mi cresce una pianta selvatica, penso alla figlia del guardiano del faro, Mele, che io amavo tanto. Posso dire che mi trovavo ogni volta la sua presenza, me la trovavo come le conchiglie di questa costa. Ancora è la notte, paurosa di vuoti, che cova l'alba e i pesci di tutte le reti. Dai suoi occhi alla bocca c'è la distanza di due baci, che stringe, troppo uniti, nella fragile porcellana. Aveva il pallore degli orologi, anche lei, la povera Mele, dalle sue mani usciva la luna, ancora calda come un uccello prigioniero. Parlano le acque nere, avanzando e rotolando, lamentano l'oscuro concerto fino alle pareti lontane, le notti del sud inquietano le sentinelle in veglia e si muovono a grandi salti azzurri e rimuovono i gioielli del cielo. Dirò che la ricordo, la ricordo; per non infrangere lo spuntare del giorno veniva scalza e ancora non si ritirava la marea dai suoi occhi. Si sono allontanati gli uccelli dalla sua morte come dagli inverni e dai metalli.

L'AMANTE DEL SOTTOTENENTE

Così vestiti di nero gli occhi di Carmela (Hotel Welcome, di fronte alla Prefettura) sfavillano sulle armi del sottotenente. Egli smonta dall'imbrunire e supino resta silenzioso. Il suo cuore è fatto di quadrati neri e bianchi, scacchiera di giorni e di notti. Ne uscirò da questo una buona volta, cantano i treni del nord, del sud e delle diramazioni. Il vento riempie di uccelli e di foglie, i fili del telegrafo, i viali del villaggio.

Per riconoscerla (Hotel Welcome, a sinistra nel corridoio) basta l'ape rossa che ha in bocca. Un inverno di vetri bagnati, il suo pallido ventaglio.

C'è qualcosa da perdere dietro l'ostacolo di ogni giorno. Un anello, un pensiero, qualcosa si perde. Come malattia aveva quell'amore silenzioso.

Apariciones desoladas, los pianos y las tejas, dejan caer el agua del invierno de la casa del frente. El espejo la llamaba en las mañanas sin embargo. El alba empuja a su paisaje indeciso. Ella está levantándose al borde del espejo, arreglando sus recuerdos. Conozco una mujer triste en este continente, de su corazón emigran pájaros, el invierno, la fría noche (Hotel Welcome, es una casa de ladrillos).

Ella es una mancha negra a la orilla del alférez. Lo demás son su frente pálida, una rosa en el velador. Él está boca abajo y a veces no se divisa.

TORCIENDO HACIA ESE LADO...

Torciendo hacia ese lado o más allá continúas siendo mía
en la soledad del atardecer golpea tu sonrisa
en ese instante trepan enredaderas a mi ventana
el viento de lo alto cimbra la sed de tu presencia
un gesto de alegría una palabra de pena que estuviera más cerca de ti

en su reloj profundo la noche aisla horas
sin embargo teniéndote entre los brazos vacilé
algo que no te pertenece desciende de tu cabeza
y se te llena de oro la mano levantada

hay esto entre dos paredes a lo lejos
radiantes ruedas de piedra sostienen el día mientras tanto
después de colgado en la horca del crepúsculo
pisa en los campanarios y en las mujeres de los pueblos
moviéndose en la orilla de mis redes
mujer querida en mi pecho tu cabeza cerrada
a grandes llamaradas el molino se revuelve
y caen las horas nocturnas como murciélagos del cielo

en otra parte lejos lejos existen tú y yo parecidos a nosotros
tú escribes margaritas en la tierra solitaria
es que ese país de cierto nos pertenece
el amanecer vuela de nuestra casa

Apparizioni desolate, i pianerottoli e le tegole lasciano cadere l'acqua dell'inverno dalla casa di fronte. Lo specchio tuttavia la chiamava nel mattino. L'alba spinge innanzi il suo paesaggio indeciso. Lei sta alzandosi all'orlo dello specchio, sistemando i suoi ricordi. Conosco una donna triste in questo continente, dal suo cuore emigrano uccelli, l'inverno, la fredda notte (Hotel Welcome, è una casa di mattoni).
Lei è una macchia nera alla riva del sottotenente. Il resto è la sua fronte pallida, una rosa sul tavolino da notte. Lui è supino e a volte non si scorge.

PIEGANDO DA QUELLA PARTE...

Piegando da quella parte o più in là continui ad essere mia
nella solitudine del tramonto batte il tuo sorriso
in quell'istante salgono rampicanti alla mia finestra
il vento dall'alto fa vibrare la sete della tua presenza
un gesto di gioia una parola di pena che fosse più vicina a te

nel suo orologio profondo la notte isola ore
tuttavia tenendoti tra le braccia ho vacillato
qualcosa che non t'appartiene discende dalla tua testa
e ti si empie d'oro la mano sollevata

c'è questo tra due pareti in lontananza
frattanto raggianti ruote di pietra sostengono il giorno
dopo esser stato impiccato alla forca del crepuscolo
calpesta i campanili e le donne dei villaggi
muovendosi sulla riva delle mie reti
donna amata nel mio petto la tua testa chiusa
a grandi fiammate il mulino si agita
e cadono le ore notturne come pipistrelli dal cielo

in altra parte lontano lontano esistono tu ed io simili a noi
tu scrivi margherite sulla terra solitaria
è che certamente quel paese ci appartiene
l'alba vola dalla nostra casa.

CUANDO APROXIMO EL CIELO...

Cuando aproximo el cielo con las manos para despertar
                                        completamente
sus húmedos terrones su red confusa se suelta
tus besos se pegan como caracoles a mi espalda
gira el año de los calendarios y salen del mundo los días como hojas
cada vez cada vez al norte están las ciudades inconclusas
ahora el sur mojado encrucijada triste
en donde los peces movibles como tijeras
ah sólo tú apareces en mi espacio en mi anillo
al lado de mi fotografía como la palabra está enfermo
detrás de ti pongo una familia desventajosa
radiante mía salto perteneciente hora de mi distracción
están encorvados tus parientes y tú con tranquilidad
te miras en una lágrima te secas los ojos donde estuve
está lloviendo de repente mi puerta se va abrir

AL LADO DE MÍ MISMO...

Al lado de mí mismo señorita enamorada
quién sino tú como el alambre ebrio es una canción sin título
ah triste mía la sonrisa se extiende como una mariposa en tu rostro
y por ti mi hermana no viste de negro
yo soy el que deshoja nombres y altas constelaciones de rocío
en la noche de paredes azules alta sobre tu frente
para alabarte a ti palabra de alas puras
el que rompió su suerte siempre donde no estuvo
por ejemplo es la noche rodando entre cruces de plata
que fue tu primer beso para qué recordarlo
yo te puse extendida delante del silencio
tierra mía los pájaros de mi sed te protegen
y te beso la boca mojada con crepúsculo

es más allá más alto
para significarte criaría una espiga
corazón distraído torcido hacia una llaga
atajas el color de la noche y libertas a los prisioneros

QUANDO AVVICINO IL CIELO...

Quando avvicino il cielo con le mani per risvegliarmi
completamente
le sue umide zolle la sua rete confusa si scioglie
i tuoi baci si appiccicano come lumache alla mia schiena
gira l'anno dei calendari ed escono dal mondo i giorni come foglie
ogni volta ogni volta al nord stanno le città inconcluse
ora il sud bagnato crocicchio triste
dove i pesci mobili come forbici
ah solo tu compari nel mio spazio nel mio anello
a fianco della mia fotografia come la parola è infermo
dietro te pongo una famiglia svantaggiosa
radiante mia salto appartenente ora della mia distrazione
stanno curvi i tuoi parenti e tu con tranquillità
ti guardi in una lacrima ti asciughi gli occhi dove fui
sta piovendo d'improvviso la mia porta sta per aprirsi.

A FIANCO DI ME STESSO...

A fianco di me stesso signorina innamorata
chi se non tu come il fil di ferro ebbro è una canzone senza titolo
ah triste mia il sorriso si distende come una farfalla sul tuo volto
e per te mia sorella non veste di nero
io sono colui che sfoglia nomi e alte costellazioni di rugiada
nella notte dalle pareti azzurre alta sulla tua fronte
per lodare te parola d'ali pure
colui che ruppe la sua sorte in ogni luogo dove fu
per esempio è la notte che rotola tra croci d'argento
che fu il tuo primo bacio perché ricordarlo
io ti distesi davanti al silenzio
terra mia gli uccelli della mia sete ti proteggono
e ti bacio la bocca bagnata di crepuscolo

è più in là più alto
per significarti alleverei una spiga
cuore distratto volto verso una piaga
trattieni il colore della notte e liberi i prigionieri

ah para qué alargaron la tierra
del lado en que te miro y no estás niña mía
entre sombra y sombra destino de naufragio
nada tengo oh soledad

sin embargo eres la luz distante que ilumina las frutas
y moriremos juntos
pensar que estás ahí navío blanco listo para partir
y que tenemos juntas las manos en la proa navío siempre en viaje

A QUIÉN COMPRÉ...

A quién compré en esta noche la soledad que poseo
quién dice la orden que apresure la marcha
del viento flor de frío entre las hojas inconclusas
si tú me llamas tormenta resuenas tan lejos como un tren
ola triste caída a mis pies quién te dice
sonámbulo de sangre partía cada vez en busca del alba
a ti te reconozco pero lejos apartada
inclinado en tus ojos busco el ancla perdida
ahí la tienes florida adentro de los brazos de nácar
es para terminar para no seguir nunca
y por eso te alabo seguidora de mi alma mirándote hacia atrás
te busco cada vez entre los signos del regreso
estás llena de pájaros durmiendo como el silencio de los
                                                              bosques
pesado y triste lirio miras hacia otra parte
cuando te hablo me dueles tan distante mujer mía
apresura el paso apresura el paso y enciende las luciérnagas

ah perché allungarono la terra
dalla parte in cui ti guardo e non stai bimba mia
tra ombra e ombra destino di naufragio
nulla possiedo oh solitudine

tuttavia sei la luce distante che illumina la frutta
e moriremo insieme
pensare che sei lì naviglio bianco pronto a partire
e che teniamo giunte le mani sulla prua naviglio sempre in viaggio

DA CHI COMPRAI...

Da chi comprai in questa notte la solitudine che posseggo
chi dice l'ordine che affretti la marcia
del vento fiore di freddo tra le foglie inconcluse
se tu mi chiami tormenta risuoni così lontano come un treno
onda triste caduta ai miei piedi chi ti dice
sonnambulo di sangue partivo ogni giorno in cerca dell'alba
e te riconosco ma lungi appartata
chino sui tuoi occhi cerco l'ancora perduta
lì l'hai fiorita entro le braccia di madreperla
è per terminare per non continuar più
e per questo ti lodo seguace della mia anima guardandoti
                                        indietro
ti cerco ogni volta tra i segni del ritorno
sei piena d'uccelli che dormono come il silenzio dei boschi
pesante e triste giglio guardi verso un'altra parte
quando ti parlo mi duoli così distante donna mia
affretta il passo affretta il passo e accendi le lucciole

ENTONCES CUANDO YA CAE LA TARDE...

Entonces cuando ya cae la tarde y el rumor del mar alimenta su dura distancia, contento de mi libertad y de mi vida, atravieso las desiertas calles siguiendo un camino que conozco mucho.

En su cuarto estoy comiéndome una manzana cuando aparece frente a mí, y el olor de los jazmines que aprieta con el pecho y las manos, se sumerge en nuestro abrazo. Miro, miro sus ojos debajo de mi boca, llenos de lágrimas, pesados. Me aparto hacia el balcón comiendo mi manzana, callado, mientras que ella se tiende un poco en la cama echando hacia arriba el rostro humedecido. Por la ventana el anochecer cruza como un fraile, vestido de negro, que se parara frente a nosotros lúgubremente. El anochecer es igual en todas partes, frente al corazón del hombre que se acongoja, vacila su trapo y se arrolla a las piernas como vela vencida, temerosa. Ay, del que no sabe qué camino tomar, del mar o de la selva, ay, del que regresa y encuentra dividido su terreno, en esa hora débil, en que nadie puede retratarse, porque las condenas del tiempo son iguales e infinitas, caídas sobre la vacilación o las angustias.

Entonces nos acercamos conjurando el maleficio, cerrando los ojos como para oscurecernos por completo, pero alcanzo a divisar por el ojo derecho sus trenzas amarillas, largas entre las almohadas. Yo la beso con reconciliación, con temor de que se muera; los besos se aprietan como culebras, se tocan con levedad muy diáfana, son besos profundos y blandos, o se alcanzan los dientes que suenan como metales, o se sumergen las dos grandes bocas temblando como desgraciado.

Te contaré día a día mi infancia, te contaré cantando mis solitarios días de liceo, oh, no importa, hemos estado ausentes, pero te hablaré de lo que he hecho y de lo que he deseado hacer y de cómo viví sin tranquilidad en el hotel de Mauricio.

Ella está sentada a mis pies en el balcón, nos levantamos, la dejo, ando, silbando me paseo a grandes trancos por su pieza y encendemos la lámpara, comemos sin hablarnos mucho, ella frente a mí, tocándonos los pies.

Más tarde, la beso y nos miramos con silencio, ávidos, resueltos, pero la dejo sentada en la cama. Y vuelvo a pasear por el cuarto, abajo y arriba, arriba y abajo, y la vuelvo a besar pero la dejo. La muerdo en el brazo blanco, pero me aparto.

Pero la noche es larga.

ALLORA, QUANDO CADE ORMAI LA SERA...

Allora, quando cade ormai la sera e il rumore del mare alimenta la sua dura distanza, contento della mia libertà e della mia vita attraverso le deserte strade, seguendone una che conosco bene. Nella sua stanza sto mangiando una mela, quando appare davanti a me, e l'odore dei gelsomini, che preme col petto e con le mani, si sommerge nel nostro abbraccio. Guardo, guardo i suoi occhi sotto la mia bocca, pieni di lacrime, pesanti. Mi allontano verso il balcone mangiando la mia mela, silenzioso, mentre lei si stende un poco sul letto levando in alto il volto inumidito. Attraverso la finestra il crepuscolo passa come un frate, vestito di nero, che si ferma davanti a noi lugubremente. Il crepuscolo è uguale in ogni parte, davanti al cuore dell'uomo che si angoscia, vacilla il suo straccio e si arrotola intorno alle gambe come una vela vinta, timorosa. Infelice colui che non sa che strada prendere, del mare o della selva; infelice colui che rincasa e trova diviso il suo terreno, in quell'ora debole, in cui nessuno può ritrarsi, poiché le condanne del tempo sono uguali e infinite, cadute sopra l'indecisione o le angosce.

Allora ci avviciniamo scongiurando il maleficio, chiudendo gli occhi come per oscurarci completamente, ma riesco a scorgere attraverso l'occhio destro le sue trecce gialle, lunghe tra i cuscini. Io la bacio riconciliato, col timore che muoia; i baci si ammucchiano come serpi, si toccano con levità estremamente diafana, sono baci profondi e molli, oppure si raggiungono i denti, che risuonano come metalli, o si sommergono le due grandi bocche, mentre noi tremiamo come infelici.

Ti racconterò giorno per giorno la mia infanzia, ti racconterò cantando i miei giorni solitari di Liceo, oh, non importa, siamo stati lontani, ma ti parlerò di ciò che ho fatto, di ciò che ho desiderato fare e di come son vissuto senza tranquillità nella casa di Maurizio.

Lei è seduta ai miei piedi, sul balcone; ci alziamo, la lascio, cammino, fischiettando vado in su e in giù per la stanza a grandi passi e accendiamo la lampada, mangiamo senza parlarci molto, lei davanti a me, toccandoci i piedi.

Più tardi la bacio e ci guardiamo in silenzio, avidi, risoluti, ma la lascio seduta sul letto. E torno a passeggiare per la stanza, in su e in giù, in su e in giù, e torno a baciarla, ma la lascio. Le mordo il braccio bianco, ma mi allontano.

Ma la notte è lunga.

EL DOCE DE MARZO

El doce de marzo, estando yo durmiendo, golpea en mi puerta Florencio Rivas. Yo conozco, yo conozco algo de lo que quieres hablarme, Florencio, pero espérate, somos viejos amigos. Se sienta junto a la lámpara, frente a mí y mientras me visto lo miro a veces notando su tranquila preocupación. Florencio Rivas es hombre tranquilo y duro y su carácter es leal y de improviso.

Mi compadre de mesas de juego y asuntos de animales perdidos, es blanco de piel, azul de ojos, y en el azul de ellos gotas de indiferencia. Tiene la nariz ladeada y su mano derecha contra la frente y en la pared su silueta negra, sentada. Me deja hacer, con mi lentitud y al salir me pide mi poncho de lana gruesa. «Es para un viaje largo, niño».

Pero él que está tranquilo esta noche mató a su mujer, Irene. Yo lo tengo escrito en los zapatos que me voy poniendo, en mi chaqueta blanca de campero, lo leo escrito en la pared, en el techo. Él no me ha dicho nada, él me ayuda a ensillar mi caballo, él se adelanta al trote, él no me dice nada. Y luego galopamos, galopamos fuertemente a través de la costa solitaria, y el ruido de los cascos hace tás, tás, tás, tás; así hace entre las malezas aproximadas a la orilla y se golpea contra las piedras playeras.

Mi corazón esta lleno de preguntas y de valor, compañero Florencio. Irene es más mía que tuya y hablaremos; pero galopamos, galopamos, sin hablarnos, juntos y mirando hacia adelante, porque la noche es oscura y llena de frío.

Pero esta puerta la conozco, es claro, y la empujo y sé quién me espera detrás de ella, sé quién me espera, ven tú también, Florencio.

Pero ya está lejos y las pisadas de su caballo corren profundamente en la soledad nocturnal; él ya va arrancando por los caminos de Cantalao hasta perderse de nombre, hasta alejarse sin regreso.

LA ENCONTRÉ MUERTA

La encontré muerta, sobre la cama, desnuda, fría, como una gran lisa del mar, arrojada allí entre la espuma nocturna. La fui a mirar de cerca, sus ojos estaban abiertos y azules como dos ramas de

IL DODICI DI MARZO

Il dodici di marzo, mentre stavo dormendo, bussa alla mia porta Florencio Rivas. Io so, io so qualcosa di ciò che vuol dirmi Florencio, ma aspetta, siamo vecchi amici. Si siede vicino alla lampada, di fronte a me, e mentre mi vesto lo guardo, a volte, notando la sua calma preoccupazione. Florencio Rivas è un uomo tranquillo e duro, e il suo carattere è leale e impulsivo. Il mio compare di tavolo da gioco e di affari di bestiame disperso, è bianco di pelle, azzurro di occhi, e nell'azzurro di essi vi sono gocce d'indifferenza. È di profilo e la mano destra sostiene la fronte; sulla parete la sua ombra nera, seduta. Mi lascia fare, con la mia lentezza, e uscendo mi chiede il mio *poncio* di lana grossa. «È per un lungo viaggio, amico».

Ma l'uomo che appare tranquillo, questa notte ha ucciso sua moglie, Irene. Io l'ho scritto nelle scarpe che mi sto mettendo, nella mia giacca bianca da contadino, lo leggo scritto sulla parete, sul soffitto. Lui non mi ha detto nulla, mi aiuta a sellare il mio cavallo, mi precede al trotto, non mi dice nulla. Poi galoppiamo, galoppiamo fortemente attraverso la costa solitaria, e il rumore degli zoccoli fa tas, tas, tas, tas; così fa tra le erbacce vicino alla riva e batte contro le pietre della spiaggia.

Il mio cuore è pieno di interrogativi e di coraggio, compagno Florencio. Irene è più mia che tua e parleremo; ma galoppiamo, galoppiamo, senza parlarci, vicini e guardando avanti, perché la notte è oscura e piena di freddo.

Ma questa porta la conosco, certo, e la spingo e so chi mi attende dietro ad essa, so chi mi attende; vieni anche tu, Florencio.

Ma ormai è lontano e gli zoccoli del suo cavallo corrono profondamente nella solitudine notturna; egli va arrancando ormai per le strade di Cantalao fino a perdersi di nome, fino ad allontanarsi senza ritorno.

LA TROVAI MORTA

La trovai morta, sul letto, nuda, fredda, come una gran lasca del mare, gettata lì tra la schiuma notturna. La osservai da vicino: i suoi occhi erano aperti e azzurri come due mazzi di fiori sul suo

flor sobre su rostro. Las manos estaban ahuecadas como queriendo aprisionar humo, su cuerpo estaba extendido todavía con firmeza en este mundo y era de un metal pálido que quería temblar. Ay, ay las horas del dolor que ya nunca encontrará consuelo, en ese instante el sufrimiento se pega resueltamente al material de alma, y el cambio apenas se advierte. Cruzan los ratones por el cuarto vecino, la boca del río choca con el mar sus aguas llorando; es negra, es oscura la noche, está lloviendo.

Está lloviendo y en la ventana donde falta un vidrio, pasa corriendo el temporal, a cada rato, y es triste para mi corazón la mala noche que tira a romper las cortinas, el mal viento que silba sus movimientos de tumultos, la habitación donde está mi mujer muerta, la habitación es cuadrada, larga, los relámpagos entran a veces, que no alcanzan a encender los velones grandes, blancos, que mañana estarán. Yo quiero oír su voz, de inflexión hacia atrás tropezando, su voz segura para llegar a mí como una desgracia que lleva alguien sonriéndose.

Yo quiero oír su voz que llama de improviso, originándose en su vientre, en su sangre, su voz que nunca quedó parada fijamente en lugar ninguno de la tierra para salir a buscarla. Yo necesito agudamente recordar su voz que tal vez no conocí completa, que debía escuchar no sólo frente a mi amor, en mis oídos, sino que detras de las paredes, ocultándome para que mi presencia no la hubiera cambiado. Qué pérdida es ésta? Cómo lo comprendo?

Estoy sentado cerca de ella, ya muerta, y su presencia, como un sonido ya muy grande, me hace poner atención sorda, exasperada, hasta una gran distancia. Todo es misterioso, y la velo toda la triste oscura noche de lluvia cayendo, sólo al amanecer estoy otra vez transido encima del caballo que galopa el camino.

ES COMO UNA MAREA...

Es como una marea, cuando ella clava en mí
sus ojos enlutados,
cuando siento su cuerpo de greda blanca y móvil
estirarse y latir junto al mío,
es como una marea, cuando ella está a mi lado.

viso. Le mani erano piegate come se avessero voluto imprigio-
nare del fumo, il suo corpo era disteso ancora con fermezza in
questo mondo, ed era di un metallo pallido che voleva tremare.
Ahi, ahi, le ore del dolore che ormai non troverà più consola-
zione! In quel momento la sofferenza aderisce risolutamente al
materiale dell'anima e il cambiamento si avverte appena. I topi
attraversano la stanza vicina, la foce del fiume scontra le sue ac-
que col mare, piangendo; è nera, è oscura la notte, sta piovendo.
Sta piovendo e dalla finestra, dove manca un vetro, passa
correndo il temporale, a ogni momento, ed è triste per il mio
cuore la brutta notte che tende a rompere le cortine, il vento
cattivo che sibila i suoi movimenti di tumulto, la stanza dov'è la
mia donna morta; la stanza è quadrata, lunga, i lampi entrano a
volte e non arrivano ad accendere i ceri grandi, bianchi, che ci
saranno domani.
Io voglio udire la sua voce che chiama d'improvviso, nascen-
do dal suo ventre, dal suo sangue, la sua voce che non rimase
mai ferma fissamente in nessun luogo della terra per uscire a
cercarla. Io ho un acuto bisogno di ricordare la sua voce che
forse non conobbi completa, che avrei dovuto ascoltare non solo
davanti al mio amore, nelle mie orecchie, ma dietro le pareti,
nascondendomi perché la mia presenza non la cambiasse. Che
perdita è questa? Come lo comprendo?
Sono seduto vicino a lei, ormai morta, e la sua presenza,
come un suono ormai grandissimo, mi fa prestare attenzione
sorda, esasperata, a una gran distanza. Tutto è misterioso, e la
veglio tutta la triste oscura notte di pioggia che cade.
Solo all'alba sono di nuovo affranto sul cavallo che galoppa
lungo la strada.

È COME UNA MAREA...

È come una marea, quando lei fissa su me
i suoi occhi neri,
quando sento il suo corpo di creta bianca e mobile
tendersi e palpitare presso il mio,
è come una marea, quando lei è al mio fianco.

He visto tendido frente a los mares del Sur,
arrollarse las aguas y exstenderse
inconteniblemente
fatalmente
en las mañanas y al atardecer.

Agua de las resacas sobre las viejas huellas,
sobre los viejos rastros, sobre las viejas cosas,
agua de las resacas que desde las estrellas
se abre como una inmensa rosa,
agua que va avanzando sobre las playas como
una mano atrevida debajo da una ropa,
agua internándose en los acantilados,
aguas estrellándose en las rocas,
y como los asesinos silenciosa,
agua implacable como los vengadores
agua de las noches siniestras
debajo de los muelles como una vena rota,
o como el corazón del mar
en una irradiación temblorosa y monstruosa.

Es algo que me lleva desde adentro y me crece
inmensamente próximo, cuando ella está a mi lado,
es como una marea rompiéndose en sus ojos
y besando su boca, sus senos y sus manos.
Ternura de dolor, y dolor de imposible,
ala de los terribles deseos
que se mueve en la noche de mi carne y la suya
con una aguda fuerza de flechas en el cielo.
Algo de inmensa huida,
que no se va, que araña adentro,
algo que en las palabras cava tremendos pozos,
algo que, contra todo se estrella, contra todo,
como los prisioneros contra los calabozos!

Ella, tallada en el corazón de la noche,
por la inquietud de mis ojos alucinados:
ella, grabada en los maderos del bosque
por los cuchillos de mis manos,
ella, su goce junto al mío,
ella, sus ojos enlutados,

Disteso davanti ai mari del Sud ho visto
arrotolarsi le acque ed espandersi
incontenibilmente
fatalmente
nelle mattine e nei tramonti.

Acqua delle risacche sulle vecchie orme,
sulle vecchie tracce, sulle vecchie cose,
acqua delle risacche che dalle stelle
s'apre come una rosa immensa,
acqua che va avanzando sulle spiagge come
una mano ardita sotto una veste,
acqua che s'inoltra in mezzo alle scogliere,
acqua che s'infrange sulle rocce,
e come gli assassini silenziosa,
acqua implacabile come i vendicatori
acqua delle notti sinistre
sotto i moli come una vena spezzata,
o come il cuore del mare
in una irradiazione tremante e mostruosa.

È qualcosa che dentro mi trasporta e mi cresce
immensamente vicino, quando lei è al mio fianco,
è come una marea che s'infrange nei suoi occhi
e che bacia la sua bocca, i suoi seni, le mani.
Tenerezza di dolore e dolore d'impossibile,
ala dei terribili desideri
che si muove nella notte della mia carne e della sua
con un'acuta forza di frecce nel cielo.
Qualcosa d'immensa fuga,
che non se ne va, che graffia dentro,
qualcosa che nelle parole scava pozzi tremendi,
qualcosa che, contro tutto s'infrange, contro tutto,
come i prigionieri contro le celle!

Lei, scolpita nel cuore della notte,
dall'inquietudine dei miei occhi allucinati:
lei, incisa nei legni del bosco
dai coltelli delle mie mani,
lei, il suo piacere unito al mio,
lei, gli occhi suoi neri,

ella, su corazón, mariposa sangrienta
que con sus dos antenas de instinto me ha tocado!

No cabe en esta estrecha meseta de mi vida!
Es como un viento desatado!

Si mis palabras clavan apenas como agujas
debieran desgarrar como espadas o arados!

Es como una marea que me arrastra y me dobla,
es como una marea, cuando ella está a mi lado!

ERES TODA DE ESPUMAS...

Eres toda de espumas delgadas y ligeras
y te cruzan los besos y te riegan los días.
Mi gesto, mi ansiedad cuelgan de tu mirada.
Vaso de resonancias y de estrellas cautivas.
Estoy cansado, todas las hojas caen, mueren.
Caen, mueren los pájaros. Caen, mueren las vidas.

Cansado, estoy cansado. Ven, anhélame, víbrame.
Oh, mi pobre ilusión, mi guirnalda encendida!
El ansia cae, muere. Cae, muere el deseo.
Caen, mueren las llamas en la noche infinita.

Fogonazo de luces, paloma de gredas rubias,
líbrame de esta noche que acosa y aniquila.
Sumérgeme en tu nido de vértigo y caricia.
Anhélame, retiéneme.
La embriaguez a la sombra florida de tus ojos,
las caídas, los triunfos, los saltos de la fiebre.
Ámame, ámame, ámame.
De pie te grito! Quiéreme.

Rompo mi voz gritándote y hago horarios de fuego
en la noche preñada de estrellas y lebreles.
Rompo mi voz y grito. Mujer, ámame, anhélame.
Mi voz arde en los vientos, mi voz que cae y muere.

lei, il suo cuore, farfalla insanguinata
che con le due antenne d'istinto m'ha toccato!
Non sta in questo stretto altopiano della mia vita!
È come un vento scatenato!

Se le mie parole trapassano appena come aghi
dovrebbero straziare come spade o come aratri!

È come una marea che mi trascina e mi piega,
è come una marea, quando lei è al mio fianco!

SEI TUTTA SCHIUME...

Sei tutta schiume agili e leggere
e i baci ti percorrono e t'irrigano i giorni.
Il mio gesto, la mia ansietà, pendono dal tuo sguardo.
Vaso di risonanze e di stelle prigioniere.
Son stanco, tutte le foglie cadono, muoiono.
Cadono, muoiono gli uccelli. Cadono, muoiono le vite.

Stanco, son stanco. Vieni, desiderami, fammi vibrare.
Oh, mia povera illusione, mia accesa ghirlanda!
L'ansia cade, muore. Cade, muore il desiderio.
Cadono, muoiono le fiamme nella notte infinita.

Fiammata di luci, colomba di crete bionde,
liberami da questa notte che incalza e distrugge.
Sommergimi nel tuo nido di vertigine e di carezza.
Desiderami, trattienimi.
L'ebbrezza all'ombra fiorita dei tuoi occhi,
le cadute, i trionfi, gli sbalzi della febbre.
Amami, amami, amami.
In piedi ti grido! Amami.

Infrango la mia voce gridandoti e faccio ore di fuoco
nella notte pregna di stelle e di levrieri.
Infrango la mia voce e grido. Donna, amami, desiderami.
La mia voce arde nei venti, la mia voce che cade e muore.

Cansado. Estoy cansado. Huye. Aléjate. Extínguete.
No aprisiones mi estéril cabeza entre tus manos.
Que me crucen la frente los látigos del hielo.
Que mi inquietud se azote con los vientos atlánticos

Huye. Aléjate. Extínguete. Mi alma debe estar sola.
Debe crucificarse, hacerse astillas, rodar,
verterse, contaminarse sola,
abierta a la marea de los llantos,
ardiendo en el ciclón de las furias,
erguida entre los cerros y los pájaros,
aniquilarse, exterminarse sola
abandonada y única como un faro de espanto.

SIENTO TU TERNURA...

Siento tu ternura allegarse a mi tierra,
acechar la mirada de mis ojos, huir,
la veo interrumpirse, para seguirme hasta la hora
de mi silencio absorto y de mi afán de ti.

Hela aquí tu ternura de ojos dulces que esperan.
Hela aquí, boca tuya, palabra nunca dicha.
Siento que se me suben los musgos de tu pena
y me crecen a tientas en el alma infinita.

Era esto el abandono, y lo sabías,
era la guerra oscura del corazón y todos,
era la queja rota de angustias conmovidas,
y la ebriedad, y el deseo, y el dejarse ir,
y era eso mi vida
era eso que el agua de tus ojos llevaba,
era eso que en el hueco de tus manos cabía.

Ah, mariposa mía y arrullo de paloma,
ah vaso, ah estero, ah compañera mía!

Te llegó mi reclamo, dímelo, te llegaba,
en las abiertas noches de estrellas frías

Stanco. Son stanco. Fuggi. Allontanati. Estinguiti.
Non imprigionare la mia sterile testa tra le tue mani.
Mi segnino la fronte le fruste del gelo.
La mia inquietudine si frusti con i venti dell'Atlantico.

Fuggi. Allontanati. Estinguiti. La mia anima deve star sola.
Deve crocifiggersi, sbriciolarsi, rotolare,
versarsi, contaminarsi sola,
aperta alla marea di pianti,
ardendo nel ciclone delle furie,
eretta tra i monti e tra gli uccelli,
distruggersi, sterminarsi sola,
abbandonata e unica come un faro di spavento.

SENTO LA TUA TENEREZZA...

Sento la tua tenerezza avvicinarsi alla mia terra,
spiare lo sguardo dei miei occhi, fuggire,
la vedo interrompersi, per seguirmi fino all'ora
del mio silenzio assorto, della mia ansia di te.

Ecco la tua tenerezza d'occhi dolci che attendono.
Ecco la tua bocca, parola mai pronunciata.
Sento che mi sale il muschio della tua pena
e mi cresce tentoni nell'anima infinita.

Questo era l'abbandono, e lo sapevi,
era la guerra oscura del cuore e tutto,
era il lamento spezzato di angosce commosse,
e l'ebbrezza, e il desiderio, e il lasciarsi andare,
ed era questo la mia vita
era questo che l'acqua dei tuoi occhi portava,
era questo che stava nel cavo delle tue mani.

Ah, farfalla mia e voce di colomba,
ah coppa, ah ruscello, ah mia compagna!

Il mio richiamo ti raggiunse, dimmi, ti raggiungeva
nelle ampie notti di gelide stelle

ahora, en el otoño, en el baile amarillo
de los vientos hambrientos y las hojas caídas!

Dímelo, te llegaba,
aullando o cómo, o sollozando,
en la hora de la sangre fermentada
cuando la tierra crece y se cimbra latiendo
bajo el sol que la raya con sus colas de ámbar?

Dímelo, me sentiste
trepar hasta tu forma por todos los silencios,
y todas las palabras?

Yo me sentí crecer. Nunca supe hacia dónde.
Es más allá de ti. Lo comprendes, hermana?
Es que se aleja el fruto cuando llegan mis manos
y ruedan las estrellas antes de mi mirada.

Siento que soy la aguja de una infinita flecha,
y va a clavarse lejos, no va a clavarse nunca,
tren de dolores húmedos en fuga hacia lo eterno,
goteando en cada tierra sollozos y preguntas.

Pero hela aquí, tu forma familiar, lo que es mío,
lo tuyo, lo que es mío, lo que es tuyo y me inunda,
hela aquí que me llena los miembros de abandono,
hela aquí, tu ternura,
amarrándose a las mismas raíces,
madurando en la misma caravana de frutas,
y saliendo de tu alma rota bajo mis dedos
como el licor del vino del centro de la uva.

AMIGA, NO TE MUERAS

Amiga, no te mueras.

Óyeme estas palabras que me salen ardiendo
y que nadie diría si yo no las dijera.

ora, nell'autunno, nella danza gialla
dei venti affamati e delle foglie cadute!

Dimmi, ti giungeva,
ululando o come, o singhiozzando,
nell'ora del sangue fermentato
quando la terra cresce e vibra palpitando
sotto il sole che la riga con le sue code d'ambra?

Dimmi, m'hai sentito
arrampicarmi fino alla tua forma per tutti i silenzi,
per tutte le parole?

Mi son sentito crescere. Mai ho saputo verso dove.
Al di là di te. Lo capisci, sorella?
Il frutto s'allontana quando arrivano le mie mani
e rotolano le stelle prima del mio sguardo.

Sento che sono l'ago di una freccia infinita,
che penetra lontano, mai penetrerà,
treno di umidi dolori in fuga verso l'eterno,
gocciolando in ogni terra singhiozzi e domande.

Ma eccola, la tua forma familiare, ciò ch'è mio,
il tuo, ciò ch'è mio, ciò ch'è tuo e m'inonda,
eccola che mi empie le membra di abbandono,
eccola, la tua tenerezza,
che s'attorce alle stesse radici,
che matura nella stessa carovana di frutta,
ed esce dalla tua anima spezzata sotto le mie dita
come il liquore del vino dal centro dell'uva.

AMICA, NON MORIRE

Amica, non morire.

Ascolta queste parole che m'escono ardendo
e che nessuno direbbe se io non le dicessi.

Amiga, no te mueras.

Yo soy el que te espera en la estrellada noche.
El que bajo el sangriento sol poniente te espera.

Miro caer los frutos en la tierra sombría.
Miro bailar las gotas del rocío en las hierbas.

En la noche al espeso perfume de las rosas,
cuando danza la ronda de las sombras inmensas.

Bajo el cielo del Sur, el que te espera cuando
el aire de la tarde como una boca besa.

Amiga, no te mueras.

Yo soy el que cortó las guirnaldas rebeldes
para el lecho selvático fragante a sol y a selva.

El que trajo en los brazos jacintos amarillos.
Y rosas desgarradas. Y amapolas sangrientas.

El que cruzó brazos por esperarte, ahora.
El que quebró sus arcos. El que dobló sus flechas.

Yo soy el que en los labios guarda sabor de uvas.
Racimos refregados. Mordeduras bermejas.

El que te llama desde las llanuras brotadas.
Yo soy el que en la hora del amor te desea.

El aire de la tarde cimbra las ramas altas.
Ebrio, mi corazón, bajo Dios, tambalea.

El río desatado rompe a llorar y a veces
se adelgaza su voz y se hace pura y trémula.

Retumba, atardecida, la queja azul del agua.

Amiga, no te mueras!

Amica, non morire.

Io sono colui che t'attende nella notte stellata.
Colui che sotto il tramonto insanguinato t'attende.

Guardo cadere i frutti nella terra cupa.
Guardo danzare le gocce di rugiada nell'erba.

Nella notte al denso profumo delle rose,
quando danza la ronda delle ombre immense.

Sotto il cielo del Sud, colui che t'attende quando
l'aria della sera bacia come una bocca.

Amica, non morire.

Io sono colui che tagliò le ghirlande ribelli
per il giaciglio selvatico fragrante di sole e di selva.

Colui che recò tra le braccia gialli giacinti.
E rose lacerate. E papaveri insanguinati.

Colui che incrociò le braccia per attenderti, ora.
Colui che spezzò i suoi archi. Colui che piegò le sue frecce.

Io sono colui che sulle labbra conserva sapore d'uva.
Grappoli sfregati. Morsi vermigli.

Colui che ti chiama dalle pianure fiorite.
Io sono colui che nell'ora dell'amore ti desidera.

L'aria della sera piega gli alti rami.
Ebbro, il mio cuore, sotto Dio, vacilla.

Il fiume scatenato scoppia a piangere e a volte
la sua voce s'assottiglia e si fa pura e tremula.

Risuona, al tramonto, l'azzurro lamento dell'acqua.

Amica, non morire!

Yo soy el que te espera en la estrellada noche,
sobre las playas áureas, sobre las rubias eras.

El que cortó jacintos para tu lecho, y rosas.
Tendido entre las hierbas yo soy el que te espera!

DÉJAME SUELTAS LAS MANOS...

Déjame sueltas las manos
y el corazón, déjame libre!
Deja que mis dedos corran
por los caminos de tu cuerpo.
La pasión – sangre, fuego, besos –
me incendia a llamaradas trémulas.
Ay, tú no sabes lo que es esto!

Es la tempestad de mis sentidos
doblegando la selva sensible de mis nervios.
Es la carne que grita con sus ardientes lenguas!
Es el incendio!
Y está aquí, mujer, como un madero intacto
ahora que vuela toda mi vida hecha cenizas
hacia tu cuerpo lleno, como la noche, de astros!

Déjame libre las manos
y el corazón, déjame libre!
Yo sólo te deseo, yo sólo te deseo!
No es amor, es deseo que se agosta y se extingue,
es precipitación de furias,
acercamiento de lo imposible,
pero está tú,
estás para dármelo todo,
y a darme lo que tienes a la tierra viniste –
como yo para contenerte,
y desearte,
y recibirte!

Io sono colui che ti attende nella notte stellata,
sopra le spiagge auree, sopra le bionde aie.

Colui che colse i giacinti per il tuo letto, e le rose.
Disteso tra le erbe io sono colui che ti attende!

LASCIAMI LIBERE LE MANI...

Lasciami libere le mani
e il cuore, lasciami libero!
Lascia che le mie dita scorrano
per le strade del tuo corpo.
La passione – sangue, fuoco, baci –
m'accende con tremule fiammate.
Ahi, tu non sai cos'è questo!

È la tempesta dei miei sensi
che piega la selva sensibile dei miei nervi.
È la carne che grida con le sue lingue ardenti!
È l'incendio!
E tu sei qui, donna, come un legno intatto
ora che tutta la mia vita fatta cenere vola
verso il tuo corpo pieno, come la notte, d'astri!

Lasciami libere le mani
e il cuore, lasciami libero!
Io solo ti desidero, ti desidero solamente!
Non è amore, è desiderio che inaridisce e s'estingue,
è precipitare di furie,
avvicinarsi dell'impossibile,
ma ci sei tu,
ci sei tu per darmi tutto,
e per darmi ciò che possiedi sei venuta sulla terra –
com'io son venuto per contenerti,
desiderarti,
riceverti!

ALMA MÍA!...

Alma mía! Alma mía! Raíz de mi sed viajera,
gota de luz que espanta lo asaltos del mundo.
Flor mía. Flor de mi alma. Terreno de mis besos.
Campanadas de lágrimas. Remolino de arrullos.

Agua viva que escurre su queja entre mis dedos.
Azul y alada como los pájaros y el humo.
Te parió mi nostalgia, mi sed, mi ansia, mi espanto.
Y estallaste en mis brazos como en la flor el fruto.

Zona de sombra, línea delgada y pensativa.
Enredadera crucificada sobre un muro.
Canción, sueño, destino. Flor mía, flor de mi alma.
Aletazo de sueño, mariposa, crepúsculo.

En la alta noche mi alma se tuerce y se destroza.
La castigan los látigos del sueño y la socavan.
Para esta inmensidad ya no hay nada en la tierra.
Ya no hay nada.
Se revuelven las sombras y se derrumba todo.
Caen sobre mis ruinas las vigas de mi alma.

No lucen los luceros acerados y blancos.
Todo se rompe y cae. Todo se borra y pasa.
Es el dolor que aúlla como un loco en un bosque.
Soledad de la noche. Soledad de mi alma.

El grito, el alarido. Ya no hay nada en la tierra!
La furia que amedrenta los cantos y las lágrimas.
Sólo la sombra estéril partida por mis gritos.
Y la pared del cielo tendida contra mi alma!

Eres. Entonces eres y te buscaba entonces.
Eres! labios de beso, fruta de sueños, todo.
Estás, eres y te amo! Te llamo y me respondes!
Luminaria de luna sobre los campos solos.
Flor mía, flor de mi alma, qué más para esta vida!
Tu voz, tu gesto pálido, tu ternura, tus ojos.

ANIMA MIA!...

Anima mia! Anima mia! Radice della mia sete errante,
goccia di luce che spaventa gli assalti del mondo.
Fior mio. Fiore della mia anima. Terra dei miei baci.
Rintocchi di lacrime. Turbine di voci.

Acqua viva che scivola il suo lamento tra le mie dita.
Azzurra e alata come gli uccelli e il fumo.
La mia nostalgia t'ha partorito, la mia sete, l'ansia, il terrore.
E sbocciasti tra le mie braccia come il frutto nel fiore.

Circolo d'ombra, linea sottile e pensierosa.
Rampicante crocifisso sopra un muro.
Canzone, sogno, destino. Fior mio, fiore della mia anima.
Palpito di sogno, farfalla, crepuscolo.

Nell'alta notte la mia anima si contorce e si spezza.
La castigano le fruste del sogno e la scavano.
Per questa immensità non v'è più nulla sulla terra.
Non v'è più nulla.
Le ombre si sconvolgono e precipita tutto.
Cadono sulle mie rovine i travi della mia anima.

Non brillano gli astri freddi e bianchi.
Tutto si rompe e cade. Tutto si cancella e passa.
È il dolore che ulula come un pazzo in un bosco.
Solitudine della notte. Solitudine della mia anima.

Il grido, l'urlo. Non v'è più nulla sulla terra!
La furia che spaventa i canti e le lacrime.
Solo l'ombra sterile spezzata dalle mie grida.
E la parete del cielo tesa contro la mia anima!

Esisti. Allora esisti e ti cercavo allora.
Esisti! Labbra di bacio, frutto di sogni, tutto.
Sei, esisti e ti amo! Ti chiamo e mi rispondi!
Luminaria di luna sopra i campi soli.
Fior mio, fiore della mia anima, che altro per questa vita!
La tua voce, il tuo gesto pallido, la tua tenerezza, i tuoi occhi.

La delgada caricia que te hace arder entera.
Los dos brazos que emergen como juncos de asombro.
Todo tu cuerpo ardido de blancura en el vientre.
Las piernas perezosas. Las rodillas. Los hombros.
La cabellera de alas negras que van volando.
Las arañas oscuras del pubis en reposo.

LLÉNATE DE MÍ

Llénate de mí.
Ansíame, agótame, viérteme, sacrifícame.
Pídeme. Recógeme, conténme, ocúltame.
Quiero ser de alguien, quiero ser tuyo, es tu hora.
Soy el que pasó saltando sobre las cosas,
el fugante, el doliente.

Pero siento tu hora,
la hora de que mi vida gotee sobre tu alma,
la hora de las ternuras que no derramé nunca,
la hora de los silencios que no tienen palabras,
tu hora, alba de sangre que me nutrió de angustias,
tu hora, medianoche que me fue solitaria.

Libértame de mí. Quiero salir de mi alma.
Yo soy esto que gime, esto que arde, esto que sufre.
Yo soy esto que ataca, esto que aúlla, esto que canta.
No, no quiero ser esto.
Ayúdame a romper estas puertas inmensas.
Con tus hombros de seda desentierra estas anclas.
Así crucificaron mi dolor una tarde.
Libértame de mí. Quiero salir de mi alma.

Quiero no tener límites y alzarme hacia aquel astro.
Mi corazón no debe callar hoy o mañana.
Debe participar de lo que toca,
debe ser de metales, de raíces, de alas.
No puedo ser la piedra que se alza y que no vuelve,
no puedo ser la sombra que se deshace y pasa.

La sottile carezza che ti fa ardere tutta.
Le braccia che emergono come giunchi di stupore.
Tutto il tuo corpo arso di bianchezza nel ventre.
Le gambe pigre. Le ginocchia. Le spalle.
La chioma d'ali nere che van volando.
I ragni oscuri del pube in riposo.

EMPITI DI ME

Empiti di me.
Desiderami, stremami, versami, sacrificami.
Chiedimi. Raccoglimi, contienimi, nascondimi.
Voglio esser di qualcuno, voglio esser tuo, è la tua ora.
Sono colui che passò saltando sopra le cose,
il fuggitivo, il dolente.

Ma sento la tua ora,
l'ora in cui la mia vita gocciolerà sulla tua anima,
l'ora delle tenerezze che mai non versai,
l'ora dei silenzi che non hanno parole,
la tua ora, alba di sangue che mi nutrì d'angosce,
la tua ora, mezzanotte che mi fu solitaria.

Liberami di me. Voglio uscire dalla mia anima.
Io sono ciò che geme, che arde, che soffre.
Io sono ciò che attacca, che ulula, che canta.
No, non voglio esser questo.
Aiutami a rompere queste porte immense.
Con le tue spalle di seta disseppellisci queste àncore.
Così una sera crocifissero il mio dolore.
Liberami di me. Voglio uscire dalla mia anima.

Voglio non aver limiti ed elevarmi verso quell'astro.
Il mio cuore non deve tacere oggi o domani.
Deve partecipare di ciò che tocca,
dev'essere di metalli, di radici, d'ali.
Non posso esser la pietra che s'innalza e non torna,
non posso esser l'ombra che si disfa e passa.

No, no puede ser, no puede ser, no puede ser.
Entonces gritaría, lloraría, gemiría.
No puede ser, no puede ser.
Quién iba a romper esta vibración de mis alas?
Quién iba a exterminarme? Qué designio, qué palabra?
No puede ser, no puede ser, no puede ser.

Libértame de mí. Quiero salir de mi alma.
Porque tú eres mi ruta. Te forjé en lucha viva.
De mi pelea oscura contra mi mismo, fuiste.
Tienes de mí ese sello de avidez no saciada.
Desde que yo los miro tus ojos son más tristes.
Vamos juntos. Rompamos este camino juntos.
Seré la ruta tuya. Pasa. Déjame irme.
Ansíame, agótame, viérteme, sacrifícame.
Haz tambalear los cercos de mis últimos límites.

Y que yo pueda, al fin, correr en fuga loca,
inundando las tierras como un río terrible,
desatando estos nudos, ah Dios mío, estos nudos,
destrozando,
quemando,
arrasando
como una lava loca lo que existe,
correr fuera de mí mismo, perdidamente,
libre de mí, furiosamente libre.
Irme,
Dios mío,
irme!

CANCIÓN DEL MACHO Y DE LA HEMBRA

Canción del macho y de la hembra!
La fruta de los siglos
exprimiendo su jugo
en nuestras venas.

Mi alma derramándose en tu carne extendida
para salir de ti más buena,

No, non può essere, non può essere.
Allora griderei, piangerei, gemerei.
Non può essere, non può essere.
Chi avrebbe rotto questa vibrazione delle mie ali?
Chi m'avrebbe sterminato? Quale disegno, quale parola?
Non può essere, non può essere, non può essere.

Liberami di me. Voglio uscire dalla mia anima.
Perché tu sei la mia rotta. T'ho forgiata in lotta viva.
Dalla mia lotta oscura contro me stesso, fosti.
Hai da me quell'impronta di avidità non sazia.
Da quando io li guardo i tuoi occhi son più tristi.
Andiamo insieme. Spezziamo questa strada insieme.
Sarò la tua rotta. Passa. Lasciami andare.
Desiderami, stremami, versami, sacrificami.
Fai vacillare le cinte dei miei ultimi limiti.

E che io possa, alfine, correre in fuga pazza,
inondando le terre come un fiume terribile,
sciogliendo questi nodi, ah Dio mio, questi nodi,
spezzando,
bruciando,
distruggendo
come una lava pazza ciò che esiste,
correre fuor di me stesso, perdutamente,
libero di me, furiosamente libero.
Andarmene,
Dio mio,
andarmene!

CANZONE DEL MASCHIO E DELLA FEMMINA

Canzone del maschio e della femmina!
Il frutto dei secoli
che spreme il suo succo
nelle nostre vene.

La mia anima che si diffonde nella tua carne distesa
per uscire migliore da te,

el corazón desparramándose
estirándose como una pantera,
y mi vida, hecha astillas, anudándose
a ti como la luz a las estrellas!

Me recibes
como al viento la vela.

Te recibo
como el surco a la siembra.

Duérmete sobre mis dolores
si mis dolores no te queman,
amárrate a mis alas,
acaso mis alas te llevan,
endereza mis deseos,
acaso te lastima su pelea.

Tú eres lo único que tengo
desde que perdí mi tristeza!

Desgárrame como una espada
o táctame como una antena!
Bésame,
muérdeme,
incéndiame,
que yo vengo a la tierra
sólo por el naufragio de mis ojos de macho
en el agua infinita de tus ojos de hembra!

ESCLAVA MÍA...

Esclava mía, témeme. Ámame. Esclava mía!
Soy contigo el ocaso más vasto de mi cielo,
y en él despunta mi alma como una estrella fría.
Cuando de ti se alejan vuelven a mí mis pasos.

Mi propio latigazo cae sobre mi vida.
Eres lo que está dentro de mí y está lejano.

il cuore che si diffonde
stirandosi come una pantera,
e la mia vita, sbriciolata, che si annoda
a te come la luce alle stelle!

Mi ricevi
come il vento la vela.

Ti ricevo
come il solco il seme.

Addormentati sui miei dolori
se i miei dolori non ti bruciano,
légati alle mie ali,
forse le mie ali ti porteranno,
dirigi i miei desideri,
forse ti duole la loro lotta.

Tu sei l'unica cosa che possiedo
da quando persi la mia tristezza!

Lacerami come una spada
o sentimi come un'antenna!
Baciami,
mordimi,
incendiami,
che io vengo alla terra
solo per il naufragio dei miei occhi di maschio
nell'acqua infinita dei tuoi occhi di femmina!

SCHIAVA MIA...

Schiava mia, temimi. Amami. Schiava mia!
Sono con te il tramonto più ampio del mio cielo,
e in esso la mia anima spunta come una stella fredda.
Quando da te si allontanano i miei passi tornano a me.

La mia stessa frustata cade sulla mia vita.
Sei ciò ch'è dentro di me ed è lontano.

Huyendo tomo un coro de nieblas perseguidas.
Junto a mí, pero dónde? Lejos, lo que está lejos.
Y lo que estando lejos bajo mis pies camina.
El eco de la voz más allá del silencio.
Y lo que en mi alma crece como el musgo en las ruinas.

SED DE TI...

Sed de ti me acosa en las noches hambrientas.
Trémula mano roja que hasta tu vida se alza.
Ebria de sed, loca sed, sed de selva en sequía.
Sed de metal ardiendo, sed de raíces ávidas.

Hacia dónde, en las tardes que no vayan tus ojos
en viaje hacia mis ojos, esperándote entonces.
Estás llena de todas las sombras que me acechan.
Me sigues como siguen los astros a la noche.
Mi madre me dio lleno de preguntas agudas.
Tú las contestas todas. Eres llena de voces.
Ancla blanca que cae sobre el mar que cruzamos.
Surco para la turbia semilla de mi nombre.
Que haya una tierra mía que no cubra tu huella. ·
Sin tus ojos viajeros, en la noche, hacia dónde.

Por eso eres la sed y lo que ha de saciarla.
Cómo poder no amarte si he de amarte por eso.
Si ésa es la amarra cómo poder cortarla, cómo.
Cómo si hasta mis huesos tienen sed de tus huesos.
Sed de ti, sed de ti, guirnalda atroz y dulce.
Sed de ti que en las noches me muerde como un perro.
Los ojos tienen sed, para qué están tus ojos.

La boca tiene sed, para qué están tus besos.
El alma está incendiada de estas brasas que te aman.
El cuerpo incendio vivo que ha de quemar tu cuerpo.
De sed. Sed infinita. Sed que busca tu sed.
Y en ella se aniquila como el agua en el fuego.

Fuggendo come un coro di nebbie inseguite.
Vicino a me, ma dove? Lontano, ciò ch'è lontano.
E ciò che essendo lontano cammina sotto i miei piedi.
L'eco della voce oltre il silenzio.
E ciò che nella mia anima cresce come il muschio sulle rovine.

SETE DI TE...

Sete di te m'incalza nelle notti affamate.
Tremula mano rossa che si leva fino alla tua vita.
Ebbra di sete, pazza sete, sete di selva riarsa.
Sete di metallo ardente, sete di radici avide.

Verso dove, nelle sere in cui i tuoi occhi non vadano
in viaggio verso i miei occhi, attendendoti allora.
Sei piena di tutte le ombre che mi spiano.
Mi segui come gli astri seguono la notte.
Mia madre mi partorì pieno di domande sottili.
Tu a tutte rispondi. Sei piena di voci.
Àncora bianca che cadi sul mare che attraversiamo.
Solco per il torbido seme del mio nome.
Esista una terra mia che non copra la tua orma.
Senza i tuoi occhi erranti, nella notte, verso dove.

Per questo sei la sete e ciò che deve saziarla.
Come poter non amarti se per questo devo amarti.
Se questo è il legame come poterlo tagliare, come.
Come, se persino le mie ossa hanno sete delle tue ossa.
Sete di te, sete di te, ghirlanda atroce e dolce.
Sete di te, che nelle notti mi morde come un cane.
Gli occhi hanno sete, perché esistono i tuoi occhi.

La bocca ha sete, perché esistono i tuoi baci.
L'anima è accesa di queste brage che ti amano.
Il corpo, incendio vivo che brucerà il tuo corpo.
Di sete. Sete infinita. Sete che cerca la tua sete.
E in essa si distrugge come l'acqua nel fuoco.

ES CIERTO...

Es cierto, amada mía, hermana mía, es cierto!
Como las bestias grises que en los potreros pastan,
y en los potreros se aman, como las bestias grises!

Como las castas ebrias que poblaron la tierra
matándose y amándose, como las castas ebrias!

Como el latido de las corolas abiertas
dividiendo la joya futura de la siembra,
como el latido de las corolas abiertas!

Empujado por los designios de la tierra
como una ola en el mar hacia ti va mi cuerpo.

Y tú, en tu carne, encierras
las pupilas sedientas con que miraré cuando
estos ojos tengo se me llenen de tierra.

ALIANZA (SONATA)

De miradas polvorientas caídas al suelo
o de hojas sin sonido y sepultándose.
De metales sin luz, con el vacío,
con la ausencia del día muerto de golpe.
En lo alto de las manos el deslumbrar de mariposas,
el arrancar de mariposas cuya luz no tiene término.

Tú guardabas la estela de luz, de seres rotos
que el sol abandonado, atardeciendo, arroja a las iglesias.
Teñida con miradas, con objeto de abejas,
tu material de inesperada llama huyendo
precede y sigue al día y a su familia de oro.

Los días acechando cruzan en sigilo
pero caen adentro de tu voz de luz.
Oh dueña del amor, en tu descanso
fundé mi sueño, mi actitud callada.

È VERO...

È vero, amata mia, sorella mia, è vero!
Come le bestie grige che pascolano nei chiusi,
e nei chiusi si amano, come le bestie grige!

Come le caste ebbre che popolarono la terra
uccidendosi e amandosi, come le caste ebbre!

Come il palpito delle corolle aperte
che condividono la gioia futura della semina,
come il palpito delle corolle aperte!

Spinto dai disegni della terra
come un'onda nel mare verso te va il mio corpo.

E tu, nella tua carne, rinchiudi
le pupille assetate con cui guarderò quando
i miei occhi si empiranno di terra.

ALLEANZA (SONATA)

Di sguardi polverosi caduti al suolo
o di foglie senza suono e che si seppelliscono.
Di metalli senza luce, col vuoto,
con l'assenza del giorno morto d'improvviso.
Nell'alto delle mani l'abbacinare di farfalle,
la partenza di farfalle la cui luce non ha fine.

Tu conservavi la scia di luce, di esseri rotti
che il sole abbandonato, annottando, getta sulle chiese.
Tinta di sguardi, di oggetti d'api,
il tuo materiale d'inattesa fiamma che fugge
precede e segue il giorno e la sua famiglia d'oro.

I giorni in agguato passano con cautela
ma cadono dentro la tua voce di luce.
Oh signora dell'amore, nel tuo riposo
ho fondato il mio sogno, il mio atteggiamento silenzioso.

Con tu cuerpo de número tímido, extendido de pronto
hasta las cantidades que definen la tierra,
detrás de la pelea de los días blancos de espacio
y fríos de muertes lentas y estímulos marchitos,
siento arder tu regazo y transitar tus besos
haciendo golondrinas frescas en mi sueño.
A veces el destino de tus lágrimas asciende
como la edad hasta mi frente, allí
están golpeando las olas, destruyéndose de muerte:
su movimiento es húmedo, decaído, final.

MADRIGAL ESCRITO EN INVIERNO

En el fondo del mar profundo,
en la noche de largas listas,
como un caballo cruza corriendo
tu callado callado nombre.

Alójame en tu espalda, ay, refúgiame,
aparéceme en tu espejo, de pronto,
sobre la hoja, solitaria, nocturna,
brotando de lo oscuro, detrás de ti.

Flor de la dulce luz completa,
acúdeme tu boca de besos,
violenta de separaciones,
determinada y fina boca.

Ahora bien, en lo largo y largo,
de olvido a olvido residen conmigo
los rieles, el grito de la lluvia:
lo que la oscura noche preserva.

Acógeme en la tarde de hilo,
cuando el anochecer trabaja
su vestuario y palpita en el cielo
una estrella llena de viento.

Col tuo corpo di numero timido, esteso d'improvviso
fino alle quantità che definiscono la terra,
dietro la lotta dei giorni bianchi di spazio
e freddi di morti lente e di stimoli appassiti,
sento ardere il tuo grembo e passare i tuoi baci
creando rondini fresche nel mio sonno.

A volte il destino delle tue lacrime ascende
come l'età fino alla mia fronte, lì
stanno battendo le onde, distruggendosi di morte:
il loro movimento è umido, abbattuto, finale.

MADRIGALE SCRITTO IN INVERNO

Nel fondo del mare profondo,
nella notte dalle lunghe strisce,
passa come un cavallo correndo
il tuo silenzioso silenzioso nome.

Ospitami nella tua spada, ahi, rifugiami,
comparimi nel tuo specchio, d'improvviso,
sulla foglia, solitaria, notturna,
che sboccia dall'oscuro, dietro di te.

Fiore della dolce luce completa,
dammi la tua bocca di baci,
furiosa di separazioni,
esatta e fine bocca.

Orbene, nella lunga distanza,
da oblio a oblio risiedono con me
le rotaie, il grido della pioggia:
ciò che l'oscura notte preserva.

Ospitami nella sera di filo,
quando l'imbrunire lavora
il suo vestiario e palpita nel cielo
una stella piena di vento.

Acércame tu ausencia hasta el fondo,
pesadamente, tapándose los ojos,
crúzame tu existencia, suponiendo
que mi corazón está destruido.

FANTASMA

Cómo surges de antaño, llegando,
encandilada, pálida estudiante,
a cuya voz aún piden consuelo
los meses dilatados y fijos.

Sus ojos luchaban como remeros
en el infinito muerto
con esperanza de sueño y materia
de seres saliendo del mar.

De la lejanía en donde
el olor de la tierra es otro
y lo vespertino llega llorando
en forma de oscuras amapolas.

En la altura de los días inmóviles
el insensible joven diurno
en tu rayo de luz se dormía
afirmado como en una espada.

Mientras tanto crece a la sombra
del largo transcurso en olvido
la flor de la soledad, húmeda, extensa,
como la tierra en un largo invierno.

LAMENTO LENTO

En la noche del corazón
la gota de tu nombre lento
en silencio circula y cae
y rompe y desarrolla su agua.

Avvicinami la tua assenza fino al fondo,
pesantemente, mentre si tappa gli occhi,
attraversami la tua esistenza, supponendo
che il mio cuore sia distrutto.

FANTASMA

Come sorgi dal passato, giungendo,
abbacinata, pallida studentessa,
alla cui voce ancora chiedono consolazione
i mesi lunghi e immobili.

I suoi occhi lottavano come rematori
nell'infinito morto
con speranza di sogno e materia
di esseri che escono dal mare.

Dalla lontananza dove
l'odore della terra è diverso
e il vespertino giunge piangendo
in forma di oscuri papaveri.

Nell'alto dei giorni immobili
l'insensibile giovane diurno
nel tuo raggio di luce si addormentava
affermato come in una spada.

Frattanto cresce all'ombra
del lungo trascorso in oblio
il fiore della solitudine, umido, disteso,
come la terra in un lungo inverno.

LAMENTO LENTO

Nella notte del cuore
la goccia del tuo nome lento
in silenzio circola e cade
e rompe e svolge la sua acqua.

Algo quiere su leve daño
y su estima infinita y corta,
como el paso de un ser perdido
de pronto oído.

De pronto, de pronto escuchado
y repartido en el corazón
con triste insistencia y aumento
como un sueño frío de otoño.

La espesa rueda de la tierra
su llanta húmeda de olvido
hace rodar, cortando el tiempo
en mitades inaccesibles.

Sus copas duras cubren tu alma
derramada en la tierra fría
con sus pobres chispas azules
volando en la voz de la lluvia.

JUNTOS NOSOTROS

Qué pura eres de sol o de noche caída,
qué triunfal desmedida tu órbita de blanco,
y tu pecho de pan, alto de clima,
tu corona de árboles negros, bienamada,
y tu nariz de animal solitario, de oveja salvaje
que huele a sombra y a precipitada fuga tiránica.

Ahora, qué armas espléndidas mis manos,
digna su pala de hueso y su lirio de uñas,
y el puesto de mi rostro, y el arriendo de mi alma
están situados en lo justo de la fuerza terrestre.
Qué pura mi mirada de nocturna influencia,
caída de ojos oscuros y feroz acicate,
mi simétrica estatua de piernas gemelas
sube hacia estrellas húmedas cada mañana,
y mi boca de exilio muerde la carne y la uva,
mis brazos de varón, mi pecho tatuado
en que penetra el vello como ala de estaño,

Qualcosa vuole il suo lieve male
e la sua stima infinita e corta,
come il passo di un essere perduto
udito d'improvviso.

D'improvviso, d'improvviso udito
e sparso nel cuore
con triste insistenza e aumento
come un sogno freddo d'autunno.

La spessa ruota della terra
il suo pneumatico umido d'oblio
fa rotolare, tagliando il tempo
in metà inaccessibili.

Le sue dure coppe coprono la tua anima
sparsa nella terra fredda
con le sue povere scintille azzurre
che volano nella voce della pioggia.

INSIEME NOI

Come sei pura di sole o di notte caduta,
che trionfale dismisura la tua orbita di bianco,
e il tuo seno di pane, alto di clima,
la tua corona d'alberi neri, beneamata,
e il tuo naso di animale solitario, di pecora selvatica
che odora d'ombra e di precipitosa fuga tirannica.

Ora, che armi splendide le mie mani,
degna la loro pala d'osso e il giglio di unghie,
e il posto del mio volto, e il nolo della mia anima
son posti nel giusto della forza terrestre.
Che puro il mio sguardo di notturna influenza,
caduta d'occhi oscuri e di feroce pungolo,
la mia simmetrica statua dalle gambe gemelle
sale verso stelle umide ogni giorno,
e la mia bocca d'esilio morde la carne e l'uva,
le mie braccia di maschio, il mio petto tatuato
in cui penetra il vello come ala di stagno,

mi cara blanca hecha para la profundidad del sol,
mi pelo hecho de ritos, de minerales negros,
mi frente, penetrante como golpe o camino,
mi piel de hijo maduro, destinado al arado,
mis ojos de sal ávida, de matrimonio rápido,
mi lengua amiga blanda del dique y del buque,
mis dientes de horario blanco, de equidad sistemática,
la piel que hace a mi frente un vacío de hielos
y en mi espalda se torna, y vuela en mis párpados,
y se repliega sobre mi más profundo estímulo,
y crece hacia las rosas en mis dedos,
en mi mentón de hueso y en mis pies de riqueza.
Y tú como un mes de estrellas, como un beso fijo,
como estructura de ala, o comienzos de otoño,
niña, mi partidaria, mi amorosa,
la luz hace su lecho bajo tus grandes párpados,
dorados como bueyes, y la paloma redonda
hace sus nidos blancos frecuentemente en ti.

Hecha de ola en lingotes y tenazas blancas,
tu salud de manzana furiosa se estira sin límite,
el tonel temblador en que escucha tu estómago,
tus manos hijas de la harina y del cielo.

Qué parecida eres al más largo beso,
su sacudida fija parete nutrirte,
y su empuje de brasa, de bandera revuelta,
va latiendo en tus dominios y subiendo temblando,
y entonces tu cabeza se adelgaza en cabellos,
y su forma guerrera, su círculo seco,
se desploma de súbito en hilos lineales
como filos de espadas o herencias del humo.

TIRANÍA

Oh dama sin corazón, hija del cielo
auxíliame en esta solitaria hora
con tu directa indiferencia de arma
y tu frío sentido del olvido.

il mio volto bianco fatto per la profondità del sole,
la mia chioma fatta di riti, di minerali neri,
la mia fronte, penetrante come colpo o strada,
la mia pelle di figlio maturo, destinato all'aratro,
i miei occhi di sale avido, di matrimonio rapido,
la mia lingua molle amica del molo e della nave,
i miei denti d'orario bianco, d'equità sistematica,
la pelle che fa alla mia fronte un vuoto di ghiacci
e sulla mia schiena si volge, e vola alle mie palpebre,
e si ripiega sul mio piú profondo stimolo,
e cresce verso le rose nelle mie dita,
nel mio mento d'osso e nei miei piedi di ricchezza.
E tu come un mese di stelle, come un bacio fisso,
come struttura d'ala, o come inizi d'autunno,
bimba, partigiana mia, amorosa mia,
la luce fa il suo letto sotto le tue grandi palpebre,
dorate come buoi, e la colomba rotonda
fa i suoi nidi bianchi frequentemente in te.

Fatta di onda in lingotti e di tenaglie bianche,
la tua salute di mela furiosa si allunga senza limite,
la botte tremante in cui ode il tuo stomaco,
le tue mani figlie della farina e del cielo.

Come sei simile al piú lungo bacio,
la sua scossa fissa sembra nutrirti,
e il suo impulso di bragia, di bandiera sconvolta,
va palpitando nei tuoi domini e salendo tremante,
e allora la tua testa si assottiglia in capelli,
e la sua forma guerriera, il suo circolo secco,
si abbatte d'improvviso in fili lineari
come fili di spade o eredità di fumo.

TIRANNIA

Oh dama senza cuore, figlia del cielo
aiutami in quest'ora solitaria
con la diretta indifferenza d'arma
e il freddo tuo senso dell'oblio.

Un tiempo total como un océano,
una herida confusa como un nuevo ser
abarcan la tenaz raíz de mi alma
mordiendo el centro de mi seguridad.

Qué espeso latido se cimbra en mi corazón
como una ola hecha de todas las olas,
y mi desesperada cabeza se levanta
en un esfuerzo de salto y de muerte.

Hay algo enemigo temblando en mi certidumbre,
creciendo en el mismo origen de las lágrimas
como una planta desgarradora y dura
hecha de encadenadas hojas amargas.

ÁNGELA ADÓNICA

Hoy me he tendido junto a una joven pura
como a la orilla de un océano blanco,
como en el centro de una ardiente estrella
    de lento espacio.

De su mirada largamente verde
la luz caía como un agua seca,
en transparentes y profundos círculos
    de fresca fuerza.

Su pecho como un fuego de dos llamas
ardía en dos regiones levantado,
y en doble río llegaba a sus pies,
    grandes y claros.

Un clima de oro maduraba apenas
las diurnas longitudes de su cuerpo
llenándolo de frutas extendidas
    y oculto fuego.

Un tempo totale come un oceano,
una ferita confusa come un nuovo essere
comprendono la tenace radice della mia anima
che morde il centro della mia sicurezza.

Che denso palpito incombe sul mio cuore
come un'onda fatta di tutte le onde,
e la mia testa disperata si alza
in uno sforzo di salto e di morte.

C'è qualcosa di nemico che trema nella mia certezza,
che cresce nell'origine stessa delle lacrime
come una pianta straziante e dura
fatta di incatenate foglie amare.

ANGELA ADONICA

Oggi mi son disteso presso una giovane pura
come sulla riva d'un oceano bianco,
come nel centro di un'ardente stella
  di lento spazio.

Dal suo sguardo lungamente verde
la luce cadeva come un'acqua secca,
in trasparenti e profondi cerchi
  di fresca forza.

Il suo seno come un fuoco di due fiamme
ardeva in due regioni sollevato,
e un duplice fiume giungeva ai suoi piedi
  grandi e chiari.

Un clima d'oro maturava appena
le diurne longitudini del suo corpo
empiendolo di frutti distesi
  e di occulto fuoco.

EL JOVEN MONARCA

Como continuación de lo leído y precedente de la página que sigue debo encaminar mi estrella al territorio amoroso.

Patria limitada por dos largos brazos cálidos, de larga pasión paralela, y un sitio de oros defendidos por sistema y matemática ciencia guerrera. Sí, quiero casarme con la más bella de Mandalay, quiero encomendar mi envoltura terrestre a ese ruido de la mujer cocinando, a ese aleteo de falda y pie desnudo que se mueven y mezclan como viento y hojas.

Amor de niña de pie pequeño y gran cigarro, flores de ámbar en el puro y cilíndrico peinado, y de andar en peligro, como un lirio de pesada cabeza, de gruesa consistencia.

Y mi esposa a mi orilla, al lado de mi rumor tan venido de lejos, mi esposa birmana, hija del rey.

Su enrollado cabello negro entonces beso, y su pie dulce y perpetuo: acercada ya la noche, desencadenado su molino, escucho a mi tigre y lloro a mi ausente.

TANGO DEL VIUDO

Oh maligna, ya habrás hallado la carta, ya habrás llorado de furia,
y habrás insultado el recuerdo de mi madre
llamándola perra podrida y madre de perros,
ya habrás bebido sola, solitaria, el té del atardecer
mirando mis viejos zapatos vacíos para siempre,
y ya no podrás recordar mis enfermedades, mis sueños nocturnos,
mis comidas,
sin maldecirme en voz alta como si estuviera allí aún
quejándome del trópico, de los coolíes corringhis,
de las venenosas fiebres que me hicieron tanto daño
y de los espantosos ingleses que odio todavía.

Maligna, la verdad, qué noche tan grande, qué tierra tan sola!
He llegado otra vez a los dormitorios solitarios,
a almorzar en los restaurantes comida fría, y otra vez
tiro al suelo los pantalones y las camisas,

IL GIOVANE MONARCA

Come continuazione di quanto letto e come precedente della pagina che segue devo indirizzare la mia stella al territorio amoroso. Patria limitata da lunghe braccia calde, di lunga passione parallela, e un luogo di ori difesi da sistema e da matematica scienza guerresca. Sì, voglio sposarmi con la più bella di Mandalay, voglio affidare il mio involucro terrestre a quel rumore della donna che cucina, a quello svolazzare di gonna e piede nudo che si muovono e rimescolano come vento e foglie.

Amore di bimba dal piede piccolo e dal gran sigaro, fiori di ambra nella pura e cilindrica capigliatura, e dall'incedere in pericolo, come un giglio di testa pesante, di grossa consistenza. E la mia sposa alla mia riva, a fianco del mio rumore venuto da così lontano, la mia sposa birmana, figlia del re.

Allora bacio i suoi capelli neri arrotolati e il suo piede dolce e perpetuo: e, avvicinatasi ormai la notte, scatenato il suo mulino, ascolto la mia tigre e piango il mio assente.

TANGO DEL VEDOVO

Oh maligna, avrai trovato ormai la lettera, ormai avrai pianto di furia,
e avrai insultato il ricordo di mia madre
chiamandola cagna marcia e madre di cani,
avrai ormai bevuto sola, solitaria, il tè dell'imbrunire
guardando le mie vecchie scarpe vuote per sempre,
e ormai non potrai più ricordare le mie malattie, i miei sogni
notturni, i miei pranzi,
senza maledirmi a voce alta come se ancora fossi lì
a lamentarmi del tropico, dei coolíes corringhis,
delle velenose febbri che mi fecero tanto male
e degli spaventosi inglesi che odio ancora.

Maligna, per la verità, che notte immensa, che terra sola!
Son giunto di nuovo ai dormitori solitari,
a mangiare nei ristoranti cibo freddo, e di nuovo
getto in terra i pantaloni e le camicie,

no hay perchas en mi habitación, ni retratos de nadie en las paredes.
Cuánta sombra de la que hay en mi alma daría por recobrarte,
y qué amenazadores me parecen los nombres de los meses,
y la palabra invierno qué sonido de tambor lúgubre tiene.

Enterrado junto al cocotero hallarás más tarde
el cuchillo que escondí allí por temor de que me mataras,
y ahora repentinamente quisiera oler su acero de cocina
acostumbrado al peso de tu mano y al brillo de tu pie:
bajo la humedad de la tierra, entre las sordas raíces,
de los lenguajes humanos, el pobre sólo sabría tu nombre,
y la espesa tierra no comprende tu nombre
hecho de impenetrables substancias divinas.

Así como me aflige pensar en el claro día de tus piernas,
recostadas como detenidas y duras aguas solares,
y la golondrina que durmiendo y volando vive en tus ojos,
y el perro de furia que asilas en el corazón,
así también veo las muertes que están entre nosotros desde ahora,
y respiro en el aire la ceniza y lo destruido,
el largo solitario espacio que me rodea para siempre.

Daría este viento del mar gigante por tu brusca respiración
oída en largas noches sin mezcla de olvido,
uniéndose a la atmósfera como el látigo a la piel del caballo.
Y por oírte orinar, en la oscuridad, en el fondo de la casa,
como vertiendo una miel delgada, trémula, argentina, obstinada,
cuántas veces entregaría este coro de sombras que poseo,
y el ruido de espadas inútiles que se oye en mi alma,
y la paloma de sangre que está solitaria en mi frente
llamando cosas desaparecidas, seres desaparecidos,
substancias extrañamente inseparables y perdidas.

BARCAROLA

Si solamente me tocaras el corazón,
si solamente pusieras tu boca en mi corazón,
tu fina boca, tus dientes,
si pusieras tu lengua como una flecha roja

non ci sono attaccapanni nella mia stanza, né ritratti alle pareti.
Quanta ombra di quella che c'è nella mia anima darei per ricuperarti,
e come minacciosi mi sembrano i nomi dei mesi,
e la parola inverno che suono di tamburo lugubre ha.

Sotterrato vicino alla palma di cocco troverai più tardi
il coltello che vi nascosi per timore che m'uccidessi,
e ora repentinamente vorrei odorare il suo acciaio di cucina
abituato al peso della tua mano e al brillio del tuo piede:
sotto l'umidità della terra, tra le sorde radici,
dei linguaggi umani, il poveretto saprebbe solo il tuo nome,
e la densa terra non comprende il tuo nome
fatto d'impenetrabili sostanze divine.

Così come mi affligge pensare al chiaro giorno delle tue gambe,
distese come trattenute e dure acque solari,
e la rondine che dormendo e volando vive nei tuoi occhi,
e il cane furioso che ospiti nel cuore,
allo stesso modo vedo le morti che stanno tra noi da questo momento,
e respiro nell'aria la cenere e ciò ch'è distrutto,
il lungo, solitario spazio che mi circonda per sempre.

Darei questo vento del mare gigante per il tuo brusco respiro
udito in lunghe notti senza mescolanza d'oblio,
che s'unisce all'atmosfera come la frusta alla pelle del cavallo.
E per udirti orinare, nell'oscurità, in fondo alla casa,
come versando un miele sottile, tremolo, argentino, ostinato,
quante volte darei questo coro d'ombre che posseggo,
e il rumore di spade inutili che s'ode nella mia anima,
e la colomba di sangue che sta solitaria sulla mia fronte
chiamando cose scomparse, esseri scomparsi,
sostanze stranamente inseparabili e perdute.

BARCAROLA

Se solamente mi t occassi il cuore,
se solamente posassi la tua bocca sul mio cuore,
la tua fine bocca, i tuoi denti,
se posassi la tua lingua come una freccia rossa

allí donde mi corazón polvoriento golpea,
si soplaras en mi corazón, cerca del mar, llorando,
sonaría con un ruido oscuro, con sonido de ruedas de tren con
sueño,
como aguas vacilantes,
como el otoño en hojas,
como sangre,
con un ruido de llamas húmedas quemando el cielo,
sonando como sueños o ramas o lluvias,
o bocinas de puerto triste,
si tú soplaras en mi corazón, cerca del mar,
como un fantasma blanco,
al borde de la espuma,
en mitad del viento,
como un fantasma desencadenado, a la orilla del mar, llorando.

Como ausencia extendida, como campana súbita,
el mar reparte el sonido del corazón,
lloviendo, atardeciendo, en una costa sola:
la noche cae sin duda,
y su lúgubre azul de estandarte en naufragio
se puebla de planetas de plata enronquecida.

Y suena el corazón como un caracol agrio,
llama, oh mar, oh lamento, oh derretido espanto
esparcido en desgracias y olas desvencijadas:
de lo sonoro el mar acusa
sus sombras recostadas, sus amapolas verdes.
Si existieras de pronto, en una costa lúgubre,
rodeada por el día muerto,
frente a una nueva noche,
llena de olas,
y soplaras en mi corazón de miedo frío,
soplaras en la sangre sola de mi corazón,
soplaras en su movimiento de paloma con llamas,
sonarían sus negras sílabas de sangre,
crecerían sus incesantes aguas rojas,
y sonaría, sonaría a sombras,
sonaría, como la muerte,
llamaría como un tubo lleno de viento o llanto,
o una botella echando espanto a borbotones.

lì dove il mio cuore polveroso batte,
se soffiassi nel mio cuore, presso il mare, che piange,
risuonerebbe con un rumore oscuro, con suono di ruote di treno
in sogno,
come acque vacillanti,
come l'autunno in foglie,
come sangue,
con un rumore di fiamme umide che bruciano il cielo,
che suonano come sogni o rami o piogge,
o sirene di porto triste,
se tu soffiassi nel mio cuore, presso il mare,
come un fantasma bianco,
sull'orlo della schiuma,
in mezzo al vento,
come un fantasma scatenato, sulla riva del mare, che piange.

Come assenza distesa, come campana improvvisa,
il mare diffonde il suono del cuore,
piangendo, annottando su una costa sola:
la notte cade indubbiamente,
e il suo lugubre azzurro di stendardo in naufragio
si popola di pianeti d'argento arrochito.

E il cuore suona come una conchiglia aspra,
fiamma, oh mare, oh lamento, oh diffuso spavento
sparso in disgrazie e onde sconvolte:
dal sonoro il mare accusa
le sue ombre riverse, i suoi papaveri verdi.
Se tu esistessi d'improvviso, su una costa lugubre,
circondata dal giorno morto,
dinanzi a una notte nuova,
colma di onde,
e soffiassi nel mio cuore freddo di paura,
se soffiassi nel sangue solo del mio cuore,
se soffiassi nel suo movimento di colomba in fiamme,
risuonerebbero le sue nere sillabe di sangue,
crescerebbero le incessanti acque rosse,
e suonerebbe, suonerebbe d'ombre,
suonerebbe, come la morte,
chiamerebbe come un tubo pieno di vento o di pianto,
o una bottiglia che gorgogli spavento.

Así es, y los relámpagos cubrirían tus trenzas
y la lluvia entraría por tus ojos abiertos
a preparar el llanto que sordamente encierras,
y las alas negras del mar girarían en torno
de ti, con grandes garras, y graznidos, y vuelos.

Quieres ser el fantasma que sople, solitario,
cerca del mar su estéril, triste instrumento?
Si solamente llamaras,
su prolongado son, su maléfico pito,
su orden de olas heridas,
alguien vendría acaso,
alguien vendría,
desde las cimas de las islas, desde el fondo rojo del mar,
alguien vendría, alguien vendría.

Alguien vendría, sopla con furia,
que suene como sirena de barco roto,
como lamento,
como un relincho en medio de la espuma y la sangre,
como un agua feroz mordiéndose y sonando.

En la estación marina
su caracol de sombra circula como un grito,
los pájaros del mar lo desestiman y huyen,
sus listas de sonidos, sus lúgubres barrotes
se levantan a orillas del océano solo.

ODA CON UN LAMENTO

Oh niña entre las rosas, oh presión de palomas,
oh presidio de peces y rosales,
tu alma es una botella llena de sal sedienta
y una campana llena de uvas es tu piel.

Por desgracia no tengo para darte sino uñas
o pestañas, o pianos derretidos,
o sueños que salen de mi corazón a borbotones,
polvorientos sueños que corren como jinetes negros,
sueños llenos de velocidades y desgracias.

E i lampi coprirebbero le tue trecce
e la pioggia entrerebbe dai tuoi occhi aperti
a preparare il pianto che sordamente rinserri,
e le ali nere del mare girerebbero intorno
a te, con grandi artigli, e gracidii, e voli.

Vuoi essere il fantasma che soffia, solitario,
presso il mare il suo sterile, triste strumento?
Se solamente chiamassi,
il suono prolungato, il fischio malefico,
l'ordine di onde ferite,
forse qualcuno verrebbe,
qualcuno verrebbe,
dalle vette delle isole, dal fondo rosso del mare,
qualcuno verrebbe, qualcuno verrebbe.

Qualcuno verrebbe, soffia con furia,
che suoni come sirena di nave spezzata,
come lamento,
come un nitrito tra la schiuma e il sangue,
come un'acqua feroce che si morde e suona.

Nella stagione marina
la sua conchiglia di ombre circola come un grido,
gli uccelli del mare la disprezzano e fuggono,
le sue righe di suoni, le sue lugubri sbarre
si levano sulle rive dell'oceano solo.

ODE CON UN LAMENTO

Oh bimba tra le rose, oh peso di colombe,
oh fortezza di pesci e di roseti,
la tua anima è una bottiglia colma di sale assetato
e la tua pelle una campana colma d'uva.

Sfortunatamente non ho da darti che unghie
o ciglia, o pianoforti sciolti,
o sogni che escono dal mio cuore gorgogliando,
sogni polverosi che corrono come neri cavalieri,
sogni colmi di velocità e di disgrazie.

Sólo puedo quererte con besos y amapolas,
con guirnaldas mojadas por la lluvia,
mirando cenicientos caballos y perros amarillos.
Sólo puedo quererte con olas a la espalda,
entre vagos golpes de azufre y aguas ensimismadas,
nadando en contra de los cementerios que corren en ciertos ríos
con pasto mojado creciendo sobre las tristes tumbas de yeso,
nadando a través de corazones sumergidos
y pálidas planillas de niños insepultos.

Hay mucha muerte, muchos acontecimientos funerarios
en mis desamparadas pasiones y desolados besos,
hay el agua que cae en mi cabeza,
mientras crece mi pelo,
un agua como el tiempo, un agua negra desencadenada,
con una voz nocturna, con un grito
de pájaro en la lluvia, con una interminable
sombra de ala mojada que protege mis huesos:
mientras me visto, mientras
interminablemente me miro en los espejos y en los vidrios,
oigo que alguien me sigue llamándome a sollozos
con una triste voz podrida por el tiempo.

Tú estás de pie sobre la tierra, llena
de dientes y relámpagos.
Tú propagas los besos y matas las hormigas.
Tú lloras de salud, de cebolla, de abeja,
de abecedario ardiendo.
Tú eres como una espada azul y verde
y ondulas al tocarte, como un río.

Ven a mi alma vestida de blanco, con un ramo
de ensangrentadas rosas y copas de cenizas,
ven con una manzana y un caballo,
porque allí hay una sala oscura y un candelabro roto,
unas sillas torcidas que esperan el invierno,
y una paloma muerta, con un número.

Posso amarti solamente con baci e con papaveri,
con ghirlande bagnate dalla pioggia,
guardando cinerei cavalli e cani gialli.
Posso amarti solamente con onde alle spalle,
tra vaghi colpi di zolfo e acque assorte,
nuotando contro i cimiteri che corrono in certi fiumi
con erba bagnata che cresce sulle tristi tombe di gesso,
nuotando attraverso cuori sommersi
e pallidi strati di bimbi insepolti.

Molta morte, molti avvenimenti funerei stanno
nelle mie passioni indifese e nei miei baci desolati,
l'acqua che cade sulla mia testa,
mentre i miei capelli crescono,
un'acqua come il tempo, un'acqua nera scatenata,
con una voce notturna, con un grido
di uccello nella pioggia, con una interminabile
ombra d'ala bagnata che protegge le mie ossa:
mentre mi vesto, mentre
interminabilmente mi guardo negli specchi e nei vetri,
sento che qualcuno mi segue chiamandomi a singhiozzi
con una voce triste marcita dal tempo.

Tu stai eretta sulla terra, piena
di denti e di lampi.
Tu propaghi i baci e uccidi le formiche.
Tu piangi di salute, di cipolla, di ape,
di abbecedario che arde.
Tu sei come una spada azzurra e verde
e ondeggi al toccarti, come un fiume.

Vieni all'anima mia di bianco vestita, con un mazzo
di rose insanguinate e di coppe di ceneri,
vieni con una mela e un cavallo,
perché lì c'è una sala oscura e un candelabro rotto,
sedie contorte che attendono l'inverno,
e una colomba morta, con un numero.

ALIANZA (SONATA)

Ni el corazón cortado por un vidrio
en un erial de espinas,
ni las aguas atroces vistas en los rincones
de ciertas casas, aguas como párpados o ojos,
podrían sujetar tu cintura en mis manos
cuando mi corazón levanta sus encinas
hacia tu inquebrantable hilo de nieve.

Nocturno azúcar, espíritu
de las coronas,
                    redimida
sangre humana, tus besos
me destierran,
y un golpe de agua con restos del mar
golpea los silencios que te esperan
rodeando las gastadas sillas, gastando puertas.

Noches con ejes claros,
partida, material, únicamente
voz, únicamente
desnuda cada día.

Sobre tus pechos de corriente inmóvil,
sobre tus piernas de dureza y agua,
sobre la permanencia y el orgullo
de tu pelo desnudo,
quiero estar, amor mío, ya tiradas las lágrimas
al ronco cesto donde se acumulan,
quiero estar, amor mío, solo con una sílaba
de plata destrozada, solo con una punta
de tu pecho de nieve.

Ya no es posible, a veces
ganar sino cayendo,
ya no es posible, entre dos seres
temblar, tocar la flor del río:
hebras de hombre vienen como agujas,
tramitaciones, trozos,

ALLEANZA (SONATA)

Né il cuore tagliato da un vetro
in una brughiera di spine,
né le acque atroci viste negli angoli
di certe case, acque come palpebre e occhi,
potrebbero tener stretta la tua cintura tra le mie mani
quando il mio cuore innalza le sue querce
verso il tuo infrangibile filo di neve.

Notturno zucchero, spirito
delle corone,
        redento
sangue umano, i tuoi baci
mi esiliano,
e un colpo d'acqua con resti del mare
batte i silenzi che ti attendono
circondando le sedie consunte, consumando porte.

Notti con assi chiari,
divisa, materiale, unicamente
voce, unicamente
nuda ogni giorno.

Sopra i tuoi seni di corrente immobile,
sulle tue gambe di durezza e acqua,
sopra la permanenza e l'orgoglio
dei tuoi capelli nudi
voglio stare, amor mio, gettate ormai le lacrime
nel roco cesto dove si accumulano,
voglio stare, amor mio, solo con una sillaba
d'argento infranto, solo con una punta
del tuo petto di neve.

Non è possibile ormai, a volte
vincere se non cadendo,
non è possibile ormai, tra due esseri
tremare, toccare il fiore del fiume:
fibre d'uomo vengono come aghi,
pratiche, brani,

familias de coral repulsivo, tormentas
y pasos duros por alfombras
de invierno.

Entre labios y labios hay ciudades
de gran ceniza y húmeda cimera,
gotas de cuándo y cómo, indefinidas
circulaciones:
entre labios y labios como por una costa
de arena y vidrio, pasa el viento.

Por eso eres sin fin, recógeme como si fueras
toda solemnidad, toda nocturna
como una zona, hasta que te confundas
con las líneas del tiempo.

                 Avanza en la dulzura,
ven a mi lado hasta que las digitales
hojas de los violines
hayan callado, hasta que los musgos
arraiguen en el trueno, hasta que del latido
de mano y mano bajen las raíces.

LAS FURIAS Y LAS PENAS

...Hay en mi corazón furias y penas ...
QUEVEDO

En el fondo del pecho estamos juntos
en el cañaveral del pecho recorremos
un verano de tigres,
al acecho de un metro de piel fría,
al acecho de un ramo de inaccesible cutis,
con la boca olfateando sudor y venas verdes
nos encontramos en la húmeda sombra que deja caer besos.

Tú mi enemiga de tanto sueño roto de la misma manera
que erizadas plantas de vidrio, lo mismo que campanas
deshechas de manera amenazante, tanto como disparos
de hiedra negra en medio del perfume,

famiglie di corallo repulsivo, tormente
e passi duri su tappeti
d'inverno.

Tra labbro e labbro vi sono città
di grande cenere e umido pennacchio,
gocce di quando e come, indefinite
circolazioni:
tra labbro e labbro come per una costa
di arena e di vetro, passa il vento.

Per questo sei senza fine, raccoglimi come fossi
tutta solennità, tutta notturna
come una regione, finché ti confonda
con le linee del tempo.

           Avanza nella dolcezza,
vieni al mio fianco finché le digitali
foglie dei violini
sian taciute, finché i muschi
mettan radici nel tuono, finché dal palpito
di mano e mano scendano le radici.

LE FURIE E LE PENE

           ...Vi sono nel mio cuore furie e pene...
           QUEVEDO

Nel fondo del petto siamo uniti,
nel canneto del petto percorriamo
un'estate di tigri,
all'agguato di un metro di pelle fredda,
all'agguato di un mazzo d'inaccessibile cute,
annusando con la bocca sudore e vene verdi
ci troviamo nell'umida ombra che lascia cadere baci.

Tu mia nemica di tanti sogni spezzati allo stesso modo
di irte piante di vetro, allo stesso modo di campane
disfatte in modo minaccioso, come spari
d'edera nera in mezzo al profumo,

enemiga de grandes caderas que mi pelo han tocado
con un ronco rocío, con una lengua de agua,
no obstante el mudo frío de los dientes y el odio de los ojos,
y la batalla de agonizantes bestias que cuidan el olvido,
en algún sitio del verano estamos juntos
acechando con labios que la sed ha invadido.

Si hay alguien que traspasa
una pared con círculos de fósforo
y hiere el centro de unos dulces miembros
y muerde cada hoja de un bosque dando gritos,
tengo también tus ojos de sangrienta luciérnaga
capaces de impregnar y atravesar rodillas
y gargantas rodeadas de seda general.

Cuando en las reuniones
el azar, la ceniza, las bebidas,
el aire interrumpido,
pero ahí están tus ojos oliendo a cacería,
a rayo verde que agujerea pechos,
tus dientes que abren manzanas de las que cae sangre,
tus piernas que se adhieren al sol dando gemidos,
y tus tetas de nácar y tus pies de amapola,
como embudos llenos de dientes que buscan sombra,
como rosas hechas de látigo y perfume, y aun,
aun más, aun más,
aun detrás de los párpados, aun detrás del cielo,
aun detrás de los trajes y los viajes, en las calles donde la gente orina,
adivinas los cuerpos,
en las agrias iglesias a medio destruir, en las cabinas que el mar
                                              lleva en las manos,
acechas con tus labios sin embargo fioridos,
rompes a cuchilladas la madera y la plata,
crecen tus grandes venas que asustan:
no hay cáscaras, no hay distancia ni hierro,
tocan manos tus manos,
y caes haciendo crepitar las flores negras.

Adivinas los cuerpos!
como un insecto herido de mandatos,
adivinas el centro de la sangre y vigilas

nemica dai larghi fianchi che i miei capelli hanno toccato
con una roca rugiada, con una lingua d'acqua,
nonostante il muto freddo dei denti e l'odio degli occhi,
e la battaglia di agonizzanti bestie che curano l'oblio,
in qualche luogo dell'estate siamo uniti
spiando con labbra che la sete ha invaso.

Se c'è qualcuno che trapassa
una parete con circoli di fosforo
e ferisce il centro di dolci membra
e morde ogni foglia di un bosco gridando,
ho anche i tuoi occhi di sanguinaria lucciola
capaci d'impregnare e di attraversare ginocchia
e gole circondate di seta generale.

Quando nelle riunioni
il caso, la cenere, le bevande,
l'aria interrotta,
ma lì sono i tuoi occhi odoranti di selvaggina,
di fulmine verde che trapassa i petti,
i tuoi denti che aprono mele dalle quali cade sangue,
le tue gambe che aderiscono al sole gemendo,
e le tue mammelle di madreperla e i tuoi piedi di papavero,
come imbuti pieni di denti che cercano ombra,
come rose fatte di sferza e di profumo, e ancora,
ancor più, ancor più,
anche dietro le palpebre, anche dietro il cielo,
anche dietro i vestiti e i viaggi, nelle strade dove la gente orina,
indovini i corpi,
nelle acri chiese mezzo distrutte, nelle cabine che il mare reca
                                                    nelle mani,
spii con le tue labbra tuttavia fiorite,
rompi a coltellate il legno e l'argento,
crescono le tue grandi vene che spaventano:
non v'è buccia, non v'è distanza né ferro,
toccano mani le tue mani,
e cadi facendo crepitare i fiori neri.

Indovini i corpi!
come un insetto ferito d'ordini,
indovini il centro del sangue e vigili

los músculos que postergan la aurora, asaltas sacudidas,
relámpagos, cabezas,
y tocas largamente las piernas que te guían.
Oh conducida herida de flechas especiales!

Hueles lo húmedo en medio de la noche?
O un brusco vaso de rosales quemados?

Oyes caer la ropa, las llaves, las monedas
en las espesas casas donde llegas desnuda?

Mi odio es una sola mano que te indica
el callado camino, las sábanas en que alguien ha dormido
con sobresaltos: llegas
y ruedas por el suelo manejada y mordida,
y el viejo olor del semen como una enredadera
de cenicienta harina se desliza a tu boca.

Ay leves locas copas y pestañas,
aire que inunda un entreabierto río
como una sol-paloma de colérico cauce,
como atributo de agua sublevada,
ay substancias, sabores, párpados de ala viva
con un temblor, con una ciega flor temible,
ay graves, serios pechos como rostros,
ay grandes muslos llenos de miel verde,
y talones y sombra de pies, y transcurridas
respiraciones y superficies de pálida piedra,
y duras olas que suben la piel hacia la muerte
llenas de celestiales harinas empapadas.
Entonces, este río
va entre nosotros, y por una ribera
vas tú mordiendo bocas?

Entonces es que estoy verdaderamente, verdaderamente lejos
y un río de agua ardiendo pasa en lo oscuro?
Ay cuántas veces eres la que el odio no nombra,
y de qué modo hundido en las tinieblas,
y bajo qué lluvias de estiércol machacado
tu estatua en mi corazón devora el trébol.

i muscoli che ritardano l'aurora, assalti, scosse,
lampi, teste,
e tocchi lungamente le gambe che ti guidano.

Oh condotta ferita di frecce speciali!

Fiuti ciò ch'è umido in mezzo alla notte?
O un brusco bicchiere di roseti bruciati?

Odi cadere la biancheria, le chiavi, le monete
nelle dense case dove giungi nuda?

Il mio odio è una sola mano che t'indica
la silenziosa strada, le lenzuola in cui qualcuno ha dormito
con sussulti: giungi
e rotoli in terra palpeggiata e morsa,
e il vecchio odore del seme come un rampicante
di cinerea farina scivola alla tua bocca.

Ahi lievi pazze coppe e ciglia,
aria che inonda un dischiuso fiume
come una sole-colomba di collerico alveo,
come attributo d'acqua ribelle,
ahi sostanze, sapori, palpebre d'ala viva
con un tremito, con un cieco fiore temibile,
ahi gravi, seri seni come volti,
ahi grandi cosce piene di miele verde,
e talloni e ombra di piedi, e trascorsi
respiri e superfici di pallida pietra,
e dure onde che innalzano la pelle verso la morte
piene di celestiali farine inzuppate.
Allora, questo fiume
scorre tra noi, e lungo una riva
vai tu mordendo bocche?

È allora che sono veramente, veramente lontano
e un fiume d'acqua ardente passa nell'oscuro?
Ahi quante volte sei quella che l'odio non nomina,
e in qual modo affondato nelle tenebre,
e sotto quali piogge di sterco pestato
la tua statua divora nel mio cuore il trifoglio.

El odio es un martillo que golpea tu traje
y tu frente escarlata,
y los días del corazón caen en tus orejas
como vagos buhos de sangre eliminada,
y los collares que gota a gota se formaron con lágrimas
rodean tu garganta quemándote la voz como con hielo.

Es para que nunca, nunca
hables, es para que nunca, nunca
salga una golondrina del nido de la lengua
y para que las ortigas destruyan tu garganta
y un viento de buque áspero te habite.

En dónde te desvistes?
En un ferrocarril, junto a un peruano rojo
o con un segador, entre terrones, a la violenta
luz del trigo?
O corres con ciertos abogados de mirada terrible
largamente desnuda, a la orilla del agua de la noche?

Miras: no ves la luna ni el jacinto
ni la oscuridad goteada de humedades,
ni el tren de cieno, ni el marfil partido:
ves cinturas delgadas como oxígeno,
pechos que aguardan acumulando peso
e idéntica al zafiro de lunar avaricia
palpitas desde el dulce ombligo hasta las rosas.

Por qué sí? Por qué no? Los días descubiertos
aportan roja arena sin cesar destrozada
a las hélices puras que inauguran el día,
y pasa un mes con corteza de tortuga,
pasa un estéril día,
pasa un buey, un difunto,
una mujer llamada Rosalía,
y no queda en la boca sino un sabor de pelo
y de dorada lengua que con sed se alimenta.
Nada sino esa pulpa de los seres,
nada sino esa copa de raíces.

Yo persigo como en un túnel roto, en otro extremo
carne y besos que debo olvidar injustamente,

L'odio è un martello che batte il tuo vestito
e la tua fronte scarlatta,
e i giorni del cuore cadono nelle tue orecchie
come vaghi gufi dal sangue eliminato,
e i collari che goccia a goccia si formarono con lacrime
circondano la tua gola bruciandoti la voce come un ghiaccio.

È, perché mai, mai
tu parli, è perché mai, mai
esca una rondine dal nido della lingua
e perché le ortiche distruggano la tua gola
e un vento di nave aspra ti abiti.

Dove ti denudi?
In un treno, vicino a un peruviano rosso
o con un mietitore, tra le zolle, alla violenta
luce del frumento?
O corri con certi avvocati dallo sguardo terribile
lungamente nuda, sulla riva dell'acqua della notte?

Guardi: non vedi la luna né il giacinto
né l'oscurità sgocciolata d'umidità,
né il treno di fango, né l'avorio diviso:
vedi cintole sottili come ossigeno,
seni che attendono accumulando peso
e identica allo zaffiro di lunare avarizia
palpiti dal dolce ombelico fino alle rose.

Perché sì? Perché no? I giorni scoperti
apportano rossa arena senza sosta disfatta
alle eliche pure che inaugurano il giorno,
e passa un mese con corteccia di tartaruga,
passa uno sterile giorno,
passa un bue, un defunto,
una donna chiamata Rosalìa,
e non resta nella bocca che un sapore di capelli
e di lingua dorata che di sete s'alimenta.
Null'altro che quella polpa degli esseri,
null'altro che quella coppa di radici.

Io inseguo come in un tunnel rotto, a un'altra estremità
carne e baci che devo dimenticare ingiustamente,

y en las aguas de espaldas, cuando ya los espejos
avivan el abismo, cuando la fatiga, los sórdidos relojes
golpean a la puerta de hoteles suburbanos, y cae
la flor de papel pintado, y el terciopelo cagado por las ratas y la cama
cien veces ocupada por miserables parejas, cuando
todo me dice que un día ha terminado, tú y yo
hemos estado juntos derribando cuerpos,
construyendo una casa que no dura ni muere,
tú y yo hemos corrido juntos un mismo río
con encadenadas bocas llenas de sal y sangre,
tú y yo hemos hecho temblar otra vez las luces verdes
y hemos solicitado de nuevo las grandes cenizas.

Recuerdo sólo un día
que tal vez nunca me fue destinado,
era un día incerante,
sin orígenes, jueves.
Yo era un hombre transportado al acaso
con una mujer hallada vagamente,
nos desnudamos
como para morir o nadar o envejecer
y nos metimos uno dentro del otro,
ella rodeándome como un agujero,
yo quebrantándola como quien
golpea una campana,
pues ella era el sonido que me hería
y la cúpula dura decidida a temblar.

Era una sorda ciencia con cabello y cavernas
y machacando puntas de médula y dulzura
he rodado a las grandes coronas genitales
entre piedras y asuntos sometidos.
Éste es un cuento de puertos adonde
llega uno, al azar, y sube a las colinas,
suceden tantas cosas.

Enemiga, enemiga
es posible que el amor haya caído al polvo
y no haya sido carne y huesos velozmente adorados
mientras el fuego se consume
y los caballos vestidos de rojo galopan al infierno?

e nelle acque rivolte, quando ormai gli specchi
ravvivano l'abisso, quando la fatica, i sordidi orologi
battono alla porta di alberghi suburbani, e cade
il fiore di carta dipinta, e di velluto defecato dai topi e il letto
cento volte occupato da miserabili coppie, quando
tutto mi dice che un giorno è terminato, tu ed io
siamo stati insieme abbattendo corpi,
costruendo una casa che non dura né muore,
tu ed io abbiamo corso insieme uno stesso fiume
con incatenate bocche piene di sale e di sangue,
tu ed io abbiamo fatto tremare di nuovo le luci verdi
e abbiamo sollecitato nuovamente le grandi ceneri.

Ricordo solo un giorno
che forse mai mi fu destinato,
era un giorno incessante,
senza origine, giovedì.
Io ero un uomo trasportato a caso
con una donna trovata vagamente,
ci denudammo
come per morire o nuotare o invecchiare
e ci mettemmo l'uno dentro l'altro,
lei circondandomi come un buco,
io spezzandola come chi
batte una campana,
poiché lei era il suono che mi feriva
e la cupola dura decisa a tremare.

Era una sorda scienza con capelli e caverne
e ammaccando punte di midollo e di dolcezza
son rotolato alle grandi corone genitali
tra pietre e affari sottomessi.
Questo è un racconto di porti dove
si giunge, a caso, e si sale alle colline,
succedono tante cose.

Nemica, nemica,
è possibile che l'amore sia caduto nella polvere
e non vi sia altro che carne e ossa velocemente adorati
mentre il fuoco si consuma
e i cavalli vestiti di rosso galoppano all'inferno?

Yo quiero para mí la avena y el relámpago
a fondo de epidermis,
y el devorante pétalo desarrollado en furia,
y el corazón labial del cerezo de junio,
y el reposo de lentas barrigas que arden sin dirección,
pero me falta un suelo de cal con lágrimas
y una ventana donde esperar espumas.

Así es la vida,
corre tú entre las hojas, un otoño
negro ha llegado,
corre vestida con una falda de hojas y un cinturón de metal
amarillo,
mientras la neblina de la estación roe las piedras.
Corre con tus zapatos, con tus medias,
con el gris repartido, con el hueco del pie, y con esas manos
que el tabaco salvaje adoraría,
golpea escaleras, derriba
el papel negro que protege las puertas,
y entra en medio del sol y la ira de un día de puñales
a echarte como paloma de luto y nieve sobre un cuerpo.

Es una sola hora larga como una vena,
y entre el ácido y la paciencia del tiempo arrugado
transcurrimos,
apartando las sílabas del miedo y la ternura,
interminablemente exterminados.

LA ESTUDIANTE (1923)

Oh tú, más dulce, más interminable
que la dulzura, carnal enamorada
entre las sombras: de otros días
surges llenando de pesado polen
tu copa, en la delicia.
            Desde la noche llena
de ultrajes, noche como el vino
desbocado, noche de oxidada púrpura,

Io voglio per me l'avena e il lampo
a fondo d'epidermide,
e il divorante petalo sviluppato in furia,
e il cuore labiale del ciliegio di giugno,
e il riposo di lente pance che ardono senza direzione,
ma mi manca un suolo di calce con lacrime
e una finestra dove attendere schiume.

Così è la vita,
corri tu tra le foglie, un autunno
nero è giunto,
corri vestita con una gonna di foglie e un cinturone di metallo
                                          giallo,
mentre la nebbia della stagione rode le pietre.
Corri con le tue scarpe, le tue calze,
con il grigio suddiviso, con il vuoto del piede, e con quelle mani
                    che il tabacco selvaggio adorerebbe,
batti scale, abbatti
la carta nera che protegge le porte,
ed entra in mezzo al sole e all'ira di un giorno di pugnali
a sdraiarti come colomba di lutto e di neve sopra un corpo.

È una sola ora lunga come una vena,
e tra l'acido e la pazienza del tempo raggrinzito
trascorriamo,
scostando le sillabe della paura e della tenerezza,
interminabilmente sterminati.

LA STUDENTESSA (1923)

Oh tu, più dolce, più interminabile
della dolcezza, carnale innamorata
tra le ombre: da altri giorni
sorgi empiendo di pesante polline
la tua coppa, nella delizia.
            Dalla notte piena
di oltraggi, notte come il vino
sbrigliato, notte d'ossidata porpora,

a ti caí como una torre herida,
y entre las pobres sábanas tu estrella
palpitó contra mí quemando el cielo.
Oh redes del jazmín, oh fuego físico
alimentado en esta nueva sombra,
tinieblas que tocamos apretando
la cintura central, golpeando el tiempo
con sanguinarias ráfagas de espigas.

Amor sin nada más, en el vacío
de una burbuja, amor con calles muertas,
amor, cuando murió toda la vida
y nos dejó encendiendo los rincones.

Mordí mujer, me hundí desvaneciéndome
desde mi fuerza, atesoré racimos,
y salí a caminar de beso en beso,
atado a las caricias, amarrado
a esta gruta de fría cabellera,
a estas piernas por labios recorridas:
hambriento entre los labios de la tierra,
devorando con labios devorados.

LA LLUVIA

(Rapa Nui)

No, que la Reina no reconozca
tu rostro, es más dulce
así, amor mío, lejos de las efigies, el peso
de tu cabellera en mis manos, recuerdas
el árbol de Mangareva cuyas flores caían
sobre tu pelo? Estos dedos no se parecen
a los pétalos blancos: míralos, son como raíces,
son como tallos de piedra sobre los que resbala
el lagarto. No temas, esperemos que caiga la lluvia, desnudos,
la lluvia, la misma que cae sobre Manu Tara.

Pero así como el agua endurece sus rasgos en la piedra,
sobre nosotros cae llevándonos suavemente

a te caddi come una torre ferita,
e tra le povere lenzuola la tua stella
palpitò contro me bruciando il cielo.
Oh reti del gelsomino, oh fuoco fisico
alimentato in questa nuova ombra,
tenebre che toccammo stringendo
la tua cintura centrale, battendo il tempo
con sanguinarie raffiche di spighe.

Amore senza null'altro, nel vuoto
di una bolla, amore con strade morte,
amore, quando morì tutta la vita
e ci lasciò ad accendere gli angoli.

Morsi donna, affondai venendo meno
dalla mia forza, tesaurizzai grappoli,
ed uscii a camminare di bacio in bacio,
legato alle carezze, legato
a questa grotta di fredda capigliatura,
a queste gambe percorse da labbra:
affamato tra le labbra della terra,
divorando con labbra divorate.

LA PIOGGIA
(Rapa Nui)

No, che la Regina non riconosca
il tuo volto, è piú dolce
così, amor mio, lungi dalle effigi, il peso
della tua chioma nelle mie mani, ricordi
l'albero di Mangareva i cui fiori cadevano
sui tuoi capelli? Queste dita non assomigliano
ai petali bianchi: guardali, son come radici,
son come talli di pietra sui quali scivola
la lucertola. Non temere, aspettiamo che cada la pioggia, nudi,
la pioggia, quella stessa che cade su Manu Tara.

Ma come l'acqua indurisce i suoi tratti nella pietra,
su di noi cade portandoci dolcemente

hacia la oscuridad, más abajo del agujero
de Ranu Raraku. Por eso
que no te divise el pescador ni el cántaro. Sepulta
tus pechos de quemadura gemela en mi boca,
y que tu cabellera sea una pequeña noche mía,
una oscuridad cuyo perfume mojado me cubre.

De noche sueño que tú y yo somos dos plantas
que se elevaron juntas, con raíces enredadas,
y que tú conoces la tierra y la lluvia como mi boca,
porque de tierra y de lluvia estamos hechos. A veces
pienso que con la muerte dormiremos abajo,
en la profundidad de los pies de la efigie, mirando
el océano que nos trajo a construir y a amar.

Mis manos no eran férreas cuando te conocieron, las aguas
de otro mar las pasaban como a una red; ahora
agua y piedra sostienen semillas y secretos.
Ámame dormida y desnuda, que en la orilla
eres como la isla: tu amor confuso, tu amor
asombrado, escondido en la cavidad de los sueños,
es como el movimiento del mar que nos rodea.

Y cuando yo también vaya durmiéndome
en tu amor, desnudo,
deja mi mano entre tus pechos para que palpite
al mismo tiempo que tus pezones mojados en la lluvia.

UN DÍA

A ti, amor, este día,
a ti te lo consagro.
Nació azul, con un ala
blanca en mitad del cielo,
llegó la luz
a la inmovilidad de los cipreses,
los seres diminutos
salieron a la orilla de una hoja
o a la mancha del sol en una piedra.

verso l'oscurità, più in basso del buco
di Ranu Raraku. Per questo
che non ti scorga il pescatore né la brocca. Seppellisci
i tuoi seni dalla bruciatura gemella nella mia bocca,
e che la tua chioma sia una piccola notte mia,
un'oscurità il cui profumo bagnato mi copre.

Di notte sogno che tu ed io siamo due piante
che s'elevarono insieme, con radici intricate,
e che tu conosci la terra e la pioggia come la mia bocca,
perché di terra e di pioggia siamo fatti. Talvolta
penso che con la morte dormiremo giù,
nella profondità dei piedi dell'effigie, guardando
l'oceano che ci condusse a costruire e ad amare.

Le mie mani non erano ferree quando ti conobbero, le acque
d'altro mare le passavano come una rete; ora
acqua e pietra sostengono semi e segreti.
Amami addormentata e nuda, che sulla riva
sei come l'isola: il tuo amore confuso, il tuo amore
stupito, nascosto nella cavità dei sogni,
è come il movimento del mare che ci circonda.

E quando anch'io m'andrò addormentando
nel tuo amore, nudo,
lascia la mia mano tra i tuoi seni perché palpiti
al tempo stesso dei tuoi capezzoli bagnati nella pioggia.

UN GIORNO

A te, amore, questo giorno,
a te lo consacro.
Nacque azzurro, con un'ala
bianca in mezzo al cielo
giunse la luce
all'immobilità dei cipressi,
gli esseri minuscoli
uscirono sulla riva di una foglia
o alla macchia del sole su una pietra.

Y el día sigue azul,
hasta que entre en la noche como un río
y haga temblar la sombra con sus aguas azules.

A ti, amor, este día.

Apenas, desde lejos, desde el sueño,
lo presentí y apenas
me tocó su tejido
de red incalculable,
yo pensé: "Es para ella".
Fue un latido de plata,
fue sobre el mar volando un pez azul,
fue un contacto de arenas deslumbrantes,
fue el vuelo de una flecha
que entre el cielo y la tierra
atravesó mi sangre
y como un rayo recogí en mi cuerpo
la desbordada claridad del día.

Es para ti, amor mío.

Yo dije: Es para ella.
Este vestido es suyo.
El relámpago azul que se detuvo
sobre el agua y la tierra
a ti te lo consagro.

A ti, amor, este día.

Como una copa eléctrica
o una corola de agua temblorosa,
levántalo en tus manos,
bébelo con los ojos y la boca,
derrámalo en tus venas para que arda
la misma luz en tu sangre y la mía.

Yo te doy este día
con todo lo que traiga:
las transparentes uvas de zafiro
y la ráfaga rota
que acerque a tu ventana
los dolores del mundo.

E il giorno è ancora azzurro,
finché entrerà nella notte come un fiume
e farà tremare l'ombra con le sue acque azzurre.

A te, amore, questo giorno.

Appena, da lontano, dal sogno,
lo presentii e appena
mi toccò il suo tessuto
di rete incalcolabile
io pensai: «È per lei».
Fu un palpito d'argento,
fu sopra il mare volando un pesce azzurro,
fu un contatto d'arene abbacinanti,
fu il volo d'una freccia
che tra il cielo e la terra
attraversò il mio sangue
e come un fulmine raccolsi nel mio corpo
la traboccata chiarità del giorno.

È per te, amor mio.

Io dissi: È per lei.
Questo vestito è suo.
Il lampo azzurro che s'arrestò
sull'acqua e sulla terra
a te io lo consacro.

A te, amore, questo giorno.

Come una coppa elettrica
o una corolla d'acqua tremante,
innalzalo nelle tue mani,
bevilo con gli occhi e con la bocca,
spargilo nelle tue vene perché arda
la stessa luce nel tuo sangue e nel mio.

Io ti do questo giorno
con tutto ciò che porterà:
le trasparenti uve di zaffiro
e la raffica rotta
che avvicinerà alla tua finestra
i dolori del mondo.

Yo te doy todo el día.
De claridad y de dolor haremos
el pan de nuestra vida,
sin rechazar lo que nos traiga el viento
ni recoger sólo la luz del cielo
sino las cifras ásperas
de la sombra en la tierra.

Todo te pertenece,
todo este día con su azul racimo
y la secreta lágrima de sangre
que tú encontrarás en la tierra.

Y no te cegará la oscuridad
ni la luz deslumbrante:
de este amasijo humano
están hechas las vidas,
y de este pan del hombre comeremos.
Y nuestro amor hecho de luz oscura
y de sombra radiante
será como este día vencedor
que entrará como un río
de claridad en medio de la noche.

Toma este día, amada.
Todo este día es tuyo.

Se lo doy a tus ojos, amor mío,
se lo doy a tu pecho,
te lo dejo en las manos y en el pelo
como un ramo celeste.
Te lo doy para que hagas un vestido
de plata azul y de agua;
cuando llegue
la noche que este día inundará
con su red temblorosa
tiéndete junto a mí,
tócame y cúbreme,
con todos los tejidos estrellados
de la luz y la sombra,
y cierra tus ojos entonces
para que yo me duerma.

Io ti do tutto il giorno.
Di chiarità e di dolore faremo
il pane della nostra vita,
senza rifiutare ciò che ci porterà il vento
né raccogliere solo la luce del cielo
ma le cifre aspre
dell'ombra sulla terra.

Tutto ti appartiene,
tutto questo giorno col suo grappolo azzurro
e la segreta lacrima di sangue
che tu troverai nella terra.

E non t'accecherà l'oscurità
né la luce abbacinante:
di questo impasto umano
sono fatte le vite,
e di questo pane dell'uomo mangeremo.
E il nostro amore fatto di luce oscura
e d'ombra radiante
sarà come questo giorno vincitore
che entrerà come un fiume
di chiarità nel mezzo della notte.

Prendi questo giorno, amata.
Tutto questo giorno è tuo.

Lo do ai tuoi occhi, amor mio,
lo do al tuo seno,
te lo lascio nelle mani e nei capelli,
come un mazzo celeste.
Te lo do perché ne faccia un vestito
d'argento azzurro e d'acqua;
quando arriverà
la notte che questo giorno inonderà
con la sua rete tremante
distenditi vicino a me,
toccami e coprimi
con tutti i tessuti stellati
della luce e dell'ombra,
e chiudi allora i tuoi occhi
perché io m'addormenti.

LA PASAJERA DE CAPRI

De dónde, planta o rayo,
de dónde rayo negro o planta dura,
venías y viniste
hasta el rincón marino?
Sombra del continente más lejano
hay en tus ojos, luna abierta
en tu boca salvaje,
y tu rostro es el párpado
de una fruta dormida,
el pezón satinado de una estrella es tu forma,
sangre y fuego de antiguas lanzas hay en tus labios.

De dónde recogiste
pétalos transparentes
de manantial, de dónde
trajiste la semilla
que reconozco. Y luego
el mar de Capri en ti, mar extranjero,
detrás de ti las rocas, el aceite,
la recta claridad bien construida,
pero tú, yo conozco,
yo conozco esa rosa!
yo conozco la sangre de esa rosa!
yo sé que la conozco!
yo sé de dónde viene!
Y huelo el aire libre de ríos y caballos,
que tu presencia trae a mi memoria.
Tu cabellera es una carta roja,
llena de bruscos besos y noticias,
tu afirmación, tu investidura clara
me hablan a mediodía
a medianoche llaman a mi puerta
como si adivinaran
adónde quieren regresar mis pasos.

Tal vez, desconocida,
la sal de Maracaibo
suena en tu voz llenándola de sueño,

LA PASSEGGERA DI CAPRI

Da dove, pianta o fulmine,
da dove fulmine nero o pianta dura,
venivi e venisti
fino all'angolo marino?
Ombra del continente piú lontano
c'è nei tuoi occhi, luna aperta
nella tua bocca selvaggia,
e il tuo volto è la palpebra
d'un frutto addormentato,
la tua forma è il capezzolo satinato d'una stella,
sangue e fuoco d'antiche lance v'è nelle tue labbra.

Da dove raccogliesti
petali trasparenti
di sorgente, da dove
recasti il seme
che riconosco? E poi
il mar di Capri in te, mare straniero,
dietro di te le rocce, l'olio,
la retta chiarità ben costruita,
ma tu, conosco,
conosco quella rosa!
conosco il sangue di quella rosa!
io so che lo conosco!
io so da dove viene!
E fiuto l'aria libera di fiumi e di cavalli,
che la tua presenza reca alla mia memoria.
La tua chioma è una lettera rossa,
piena di bruschi baci e di notizie,
la tua affermazione, la tua investitura chiara
mi parlano a mezzogiorno
a mezzanotte bussano alla mia porta
come se indovinassero
dove vogliono tornare i miei passi.

Forse, sconosciuta,
il sale di Maracaibo
suona nella tua voce empiendola di sogno,

o el frío viento de Valparaíso
sacudió tu razón cuando crecías,
lo cierto es que hoy, mirándote al pasar
entre las aves de pecho rosado
de los farellones de Capri,
la llamarada de tus ojos: algo
que vi volar desde tu pecho: el aire
que rodea tu piel: la luz nocturna
que de tu corazón sin duda sale:
algo llegó a mi boca
con un sabor de flor que conocía,
algo tiñó mis labios con el licor oscuro
de las plantas silvestres de mi infancia,
y yo pensé, esta dama,
aunque el clásico azul derrame todos
los racimos del cielo en su garganta,
aunque detrás de ella los templos
nimben con su blancura coronada
tanta hermosura,
ella no es, ella es otra,
algo crepita en ella que me llama,
toda la tierra que me dio la vida
está en esta mirada, y estas manos
sutiles
recogieron el agua en la vertiente,
y estos menudos pies fueron midiendo
las volcánicas islas de mi patria.

Oh tú desconocida dulce y dura
cuando ya tu paso
descendió hasta perderse,
y sólo las columnas
del templo roto y el zafiro verde
del mar que canta en mi destierro
quedaron solos, solos
conmigo y con tu sombra,
mi corazón dio un gran latido,
como si una gran piedra sostenida
en la invisible altura
cayera de repente
sobre el agua y saltaran las espumas,

o il freddo vento di Valparaíso
ha scosso la tua ragione quando crescevi,
certo è che oggi, guardandoti al passare
tra gli uccelli dal petto roseo
dei faraglioni di Capri,
la fiammata dei tuoi occhi: qualcosa
che vidi volare dal tuo seno: l'aria
che circonda la tua pelle: la luce notturna
che senza dubbio esce dal tuo cuore:
qualcosa giunse alla mia bocca
con un sapore di fiore che conoscevo,
qualcosa tinse le mie labbra con il liquore oscuro
delle piante silvestri della mia infanzia,
e io pensai, questa signora,
anche se il classico azzurro diffonde tutti
i grappoli del cielo sulla sua gola,
anche se dietro a lei i templi
nimbano con la loro bianchezza coronata
tanta bellezza,
non è lei, è un'altra,
qualcosa crepita in lei che mi chiama,
tutta la terra che mi diede la vita
è in questo sguardo, e queste mani
sottili
raccolsero l'acqua sul pendio,
e questi piedi minuti andaron misurando
le vulcaniche isole della mia patria.

Oh tu, sconosciuta, dolce e dura,
quando ormai il tuo passo
discese fino a perdersi,
e solo le colonne
del tempio rotto e lo zaffiro verde
del mare che canta nel mio esilio
rimasero soli, soli
con me e con la tua ombra,
il mio cuore diede un gran palpito,
come se una gran pietra sostenuta
nell'invisibile altezza
fosse caduta d'improvviso
sopra le acque e sprizzassero le schiume,

y desperté de tu presencia entonces
con el rostro regado
por tu salpicadura,
agua y aroma y sueño,
distancia y tierra y ola.

EN TI LA TIERRA

Pequeña
rosa,
rosa pequeña,
a veces,
diminuta y desnuda,
parece
que en una mano mía
cabes,
que así voy a cerrarte
y a llevarte a mi boca,
pero
de pronto
mis pies tocan tus pies y mi boca tus labios,
has crecido
suben tus hombros como dos colinas,
tus pechos se pasean por mi pecho,
mi brazo alcanza apenas a rodear la delgada
línea de luna nueva que tiene tu cintura:
en el amor como agua de mar te has desatado:
mido apenas los ojos más extensos del cielo
y me inclino a tu boca para besar la tierra.

LA REINA

Yo te he nombrado reina.
Hay más altas que tú, más altas.
Hay más puras que tú, más puras.
Hay más bellas que tú, hay más bellas.

e mi svegliai allora dalla tua presenza
con il volto bagnato
dal tuo spruzzo,
acqua e aroma e sogno,
distanza e terra e onda.

IN TE LA TERRA

Piccola
rosa,
rosa piccolina,
a volte,
minuta e nuda,
sembra
che tu mi stia in una
mano,
che possa rinchiuderti in essa
e portarti alla mia bocca,
ma
d'improvviso
i miei piedi toccano i tuoi piedi e la mia bocca le tue labbra,
sei cresciuta
le tue spalle salgono come due colline,
i tuoi seni si muovono sul mio petto,
il mio braccio riesce appena a circondare la sottile
linea di luna nuova che ha la tua cintura:
nell'amore come acqua di mare ti sei scatenata:
misuro appena gli occhi più ampi del cielo
e mi chino sulla tua bocca per baciare la terra.

LA REGINA

Io ti ho nominato regina.
Ve n'è di più alte di te, di più alte.
Ve n'è di più pure di te, di più pure.
Ve n'è di più belle di te, di più belle.

Pero tú eres la reina.

Cuando vas por las calles
nadie te reconoce.
Nadie ve tu corona de cristal, nadie mira
la alfombra de oro rojo
que pisas donde pasas,
la alfombra que no existe.

Y cuando asomas
suenan todos los ríos
en mi cuerpo, sacuden
el cielo las campanas,
y un himno llena el mundo.

Sólo tú y yo,
sólo tú y yo, amor mío,
lo escuchamos.

TU RISA

Quítame el pan, si quieres,
quítame el aire, pero
no me quites tu risa.

No me quites la rosa,
la lanza que desgranas,
el agua que de pronto
estalla en tu alegría,
la repentina ola
de plata que te nace.

Mi lucha es dura y vuelvo
con los ojos cansados
a veces, de haber visto
la tierra que no cambia,
pero al entrar tu risa
sube al cielo buscándome
y abre para mí todas
las puertas de la vida.

Ma tu sei la regina.

Quando vai per le strade
nessuno ti riconosce.
Nessuno vede la tua corona di cristallo, nessuno vede
il tappeto d'oro rosso
che calpesti dove passi,
il tappeto che non esiste.

E quando t'affacci
tutti i fiumi risuonano
nel mio corpo, scuotono
il cielo le campane,
e un inno empie il mondo.

Tu sola ed io,
tu sola ed io, amor mio,
lo udiamo.

IL TUO RISO

Toglimi il pane, se vuoi,
toglimi l'aria, ma
non togliermi il tuo riso.

Non togliermi la rosa,
la lancia che sgrani,
l'acqua che d'improvviso
scoppia nella tua gioia,
la repentina onda
d'argento che ti nasce.

Dura è la mia lotta e torno
con gli occhi stanchi
a volte, d'aver visto
la terra che non cambia,
ma entrando il tuo riso
sale al cielo cercandomi
ed apre per me tutte
le porte della vita.

Amor mío, en la hora
más oscura desgrana
tu risa, y si de pronto
ves que mi sangre mancha
las piedras de la calle,
ríe, porque tu risa
será para mis manos
como una espada fresca.

Junto al mar en otoño,
tu risa debe alzar
su cascada de espuma
y en primavera, amor,
quiero tu risa como
la flor que yo esperaba,
la flor azul, la rosa
de mi patria sonora.

Ríete de la noche,
del día, de la luna,
ríete de las calles
torcidas de la isla,
ríete de este torpe
muchacho que te quiere,
pero cuando yo abro
los ojos y los cierro,
cuando mis pasos van,
cuando vuelven mis pasos,
niégame el pan, el aire,
la luz, la primavera,
pero tu risa nunca
porque me moriría.

EL INCONSTANTE

Los ojos se me fueron
tras una morena que pasó.

Era de nácar negro,
era de uvas moradas,

Amor mio, nell'ora
più oscura sgrana
il tuo riso, e se d'improvviso
vedi che il mio sangue macchia
le pietre della strada,
ridi, perché il tuo riso
sarà per le mie mani
come una spada fresca.

Vicino al mare, d'autunno,
il tuo riso deve innalzare
la sua cascata di schiuma,
e in primavera, amore,
voglio il tuo riso come
il fiore che attendevo,
il fiore azzurro, la rosa
della mia patria sonora.

Riditela della notte,
del giorno, della luna,
riditela delle strade
contorte dell'isola,
riditela di questo rozzo
ragazzo che ti ama,
ma quando apro gli occhi
e quando li chiudo,
quando i miei passi vanno,
quando tornano i miei passi,
negami il pane, l'aria,
la luce, la primavera,
ma il tuo riso mai,
perché io ne morirei.

L'INCOSTANTE

Gli occhi mi corsero
dietro una bruna che passò.

Era di madreperla nera,
era d'uva scura,

y me azotó la sangre
con su cola de fuego.

Detrás de todas
me voy.

Pasó una clara rubia
como una planta de oro
balanceando sus dones.
Y mi boca se fue
como con una ola
descargando en su pecho
relámpagos de sangre.

Detrás de todas
me voy.

Pero a ti, sin moverme,
sin verte, tú distante,
van mi sangre y mis besos,
morena y clara mía,
alta y pequeña mía,
ancha y delgada mía,
mi fea, mi hermosura,
hecha de todo el oro
y de toda la plata,
hecha de todo el trigo
y de toda la tierra
hecha de toda el agua
de las olas marinas,
hecha para mis brazos,
hecha para mis besos,
hecha para mi alma.

LA NOCHE EN LA ISLA

Toda la noche he dormido contigo
junto al mar, en la isla.
Salvaje y dulce eras entre el placer y el sueño
entre el fuego y el agua.

e mi sferzò il sangue
con la sua coda di fuoco.

Dietro tutte
vado.

Passò una chiara bionda
come una pianta d'oro
dondolando i suoi doni.
E la mia bocca andò
come in un'onda
scaricando sul suo seno
lampi di sangue.

Dietro tutte
vado.

Ma a te, senza muovermi,
senza vederti, te distante,
vanno il mio sangue e i miei baci,
bruna e chiara mia,
alta e piccola mia,
ampia e sottile mia,
mia brutta, mia bellezza,
fatta di tutto l'oro
e di tutto l'argento,
fatta di tutto il frumento
e di tutta la terra
fatta di tutta l'acqua
delle onde marine,
fatta per le mie braccia,
fatta per i miei baci,
fatta per l'anima mia.

LA NOTTE NELL'ISOLA

Tutta la notte ho dormito con te
vicino al mare, nell'isola.
Eri selvaggia e dolce tra il piacere e il sonno
tra il fuoco e l'acqua.

Tal vez muy tarde
nuestros sueños se unieron
en lo alto o en el fondo,
arriba como ramas que un mismo viento mueve,
abajo como rojas raíces que se tocan.

Tal vez tu sueño
se separó del mío
y por el mar oscuro
me buscaba
como antes
cuando aún no existías,
cuando sin divisarte
navegué por tu lado,
y tus ojos buscaban
lo que ahora
– pan, vino, amor y cólera –
te doy a manos llenas,
porque tú eres la copa
que esperaba los dones de mi vida.

He dormido contigo
toda la noche, mientras
la oscura tierra gira
con vivos y con muertos,
y al despertar de pronto
en medio de la sombra
mi brazo rodeaba tu cintura.
Ni la noche, ni el sueño
pudieron separarnos.

He dormido contigo
y al despertar tu boca
salida de tu sueño
me dio el sabor de tierra,
de agua marina, de algas,
del fondo de tu vida,
y recibí tu beso
mojado por la aurora
como si me llegara
del mar que nos rodea.

Forse assai tardi
i nostri sogni si unirono
nell'alto o nel profondo,
in alto come rami che muove uno stesso vento,
in basso come rosse radici che si toccano.

Forse il tuo sogno
si separò dal mio
e per il mare oscuro
mi cercava
come prima
quando ancora non esistevi,
quando senza scorgerti
navigai al tuo fianco,
e i tuoi occhi cercavano
ciò che ora
– pane, vino, amore e collera –
ti do a mani piene,
perché tu sei la coppa
che attendeva i doni della mia vita.

Ho dormito con te
tutta la notte, mentre
l'oscura terra gira
con vivi e con morti,
e svegliandomi d'improvviso
in mezzo all'ombra
il mio braccio circondava la tua cintura.
Né la notte, né il sonno
poterono separarci.

Ho dormito con te
e svegliandomi la tua bocca
uscita dal sonno
mi diede il sapore di terra,
d'acqua marina, di alghe,
del fondo della tua vita,
e ricevetti il tuo bacio
bagnato dall'aurora
come se mi giungesse
dal mare che ci circonda.

EL VIENTO EN LA ISLA

El viento es un caballo:
óyelo cómo corre
por el mar, por el cielo.

Quiere llevarme: escucha
cómo recorre el mundo
para llevarme lejos.

Escóndeme en tus brazos
por esta noche sola,
mientras la lluvia rompe
contra el mar y la tierra
su boca innumerable.

Escucha cómo el viento
me llama galopando
para llevarme lejos.

Con tu frente en mi frente,
con tu boca en mi boca,
atados nuestros cuerpos
al amor que nos quema,
deja que el viento pase
sin que pueda llevarme.

Deja que el viento corra
coronado de espuma,
que me llame y me busque
galopando en la sombra,
mientras yo, sumergido
bajo tus grandes ojos,
por esta noche sola
descansaré, amor mío.

IL VENTO NELL'ISOLA

Il vento è un cavallo:
senti come corre
per il mare, per il cielo.

Vuol portarmi via: ascolta
come percorre il mondo
per portarmi lontano.

Nascondimi tra le tue braccia
per questa notte sola,
mentre la pioggia infrange
contro il mare e la terra
la sua bocca innumerevole.

Senti come il vento
mi chiama galoppando
per portarmi lontano.

Con la tua fronte sulla mia fronte,
con la tua bocca sulla mia bocca,
legati i nostri corpi
all'amore che ci brucia,
lascia che il vento passi
senza che possa portarmi via.

Lascia che il vento corra
coronato di schiuma,
che mi chiami e mi cerchi
galoppando nell'ombra,
mentre, sommerso
sotto i tuoi grandi occhi,
per questa notte sola
riposerò, amor mio.

LA INFINITA

Ves estas manos? Han medido
la tierra, han separado
los minerales y los cereales,
han hecho la paz y la guerra,
han derribado las distancias
de todos los mares, y ríos,
y sin embargo
cuando te recorren
a ti, pequeña,
grano de trigo, alondra,
no alcazan a abarcarte,
se cansan alcanzando
las palomas gemelas
que reposan o vuelan en tu pecho,
recorren las distancias de tus piernas,
se enrollan en la luz de tu cintura.
Para mí eres tesoro más cargado
de inmensidad que el mar y sus racimos
y eres blanca y azul y extensa como
la tierra en la vendimia.
En ese territorio,
de tus pies a tu frente,
andando, andando, andando,
me pasaré la vida.

AUSENCIA

Apenas te he dejado,
vas en mí, cristalina
o temblorosa,
o inquieta, herida por mí mismo
o colmada de amor, como cuando tus ojos
se cierran sobre el don de la vida
que sin cesar te entrego.

L'INFINITA

Vedi queste mani? Han misurato
la terra, han separato
i minerali e i cereali,
han fatto la pace e la guerra,
hanno abbattuto le distanze
di tutti i mari, di tutti i fiumi,
e tuttavia
quando percorrono
te, piccola,
grano di frumento, allodola,
non riescono a comprenderti tutta,
si stancano raggiungendo
le colombe gemelle
che riposano o volano sul tuo petto,
percorrono le distanze delle tue gambe,
si avvolgono alla luce della tua cintura.
Per me sei un tesoro più colmo
d'immensità che non il mare e i grappoli,
e sei bianca e azzurra e vasta come
la terra nella vendemmia.
In questo territorio,
dai tuoi piedi alla tua fronte,
camminando, camminando, camminando,
passerò la mia vita.

ASSENZA

Appena ti ho lasciata,
sei in me, cristallina
o tremante,
o inquieta, da me ferita
o colmata d'amore, come quando i tuoi occhi
si chiudono sul dono della vita
che senza sosta ti affido.

Amor mío,
nos hemos encontrado
sedientos y nos hemos
bebido toda el agua y la sangre,
nos encontramos
con hambre
y nos mordimos
como el fuego muerde,
dejándonos heridas.

Pero espérame,
guárdame tu dulzura.
Yo te daré también
una rosa.

EL OLVIDO

Todo el amor en una copa
ancha como la tierra, todo
el amor con estrellas y espinas
te di, pero anduviste
con pies pequeños, con tacones sucios
sobre el fuego, apagándolo.

Ay gran amor, pequeña amada!

No me detuve en la lucha.
No dejé de marchar hacia la vida,
hacia la paz, hacia el pan para todos,
pero te alcé en mis brazos
y te clavé a mis besos
y te miré como jamás
volverán a mirarte ojos humanos.

Ay gran amor, pequeña amada!

Entonces no mediste mi estatura,
y al hombre que para ti apartó
la sangre, el trigo, el agua

Amore mio,
ci siamo incontrati
assetati e ci siamo
bevuta tutta l'acqua e il sangue,
ci siam trovati
affamati
e ci siam morsi
come morde il fuoco,
lasciandoci ferite.

Ma attendimi,
conservami la tua dolcezza.
Io ti darò anche
una rosa.

L'OBLIO

Tutto l'amore in una coppa
ampia come la terra, tutto
l'amore con stelle e spine
ti ho dato, ma camminasti
con piedi piccoli, con tacchi sporchi
sul fuoco, spegnendolo.

Ahi grande amore, piccola amata!

Non mi fermai nella lotta.
Non cessai di marciare verso la vita,
verso la pace, verso il pane per tutti,
ma ti alzai tra le mie braccia
e t'inchiodai ai miei baci
e ti guardai come mai
occhi umani torneranno a guardarti.

Ahi grande amore, piccola amata!

Allora non misurasti la mia statura,
e l'uomo che per te allontanò
il sangue, il grano, l'acqua

confundiste
con el pequeño insecto que te cayó en la falda.

Ay gran amor, pequeña amada!

No esperes que te mire en la distancia
hacia atrás, permanece
con lo que te dejé, pasea
con mi fotografía traicionada,
yo seguiré marchando,
abriendo anchos caminos contra la sombra, haciendo
suave la tierra, repartiendo
la estrella para los que vienen.

Quédate en el camino.
Ha llegado la noche para ti.
Tal vez de madrugada
nos veremos de nuevo.

Ay gran amor, pequeña amada!

LA MUERTA

Si de pronto no existes,
si de pronto no vives,
yo seguiré viviendo.

No me atrevo,
no me atrevo a escribirlo,
si te mueres.

Yo seguiré viviendo.

Porque donde no tiene voz un hombre,
allí mi voz.

Donde los negros sean apaleados,
yo no puedo estar muerto.
Cuando entren en la cárcel mis hermanos
entraré yo con ellos.

confondesti
col piccolo insetto che ti cadde sulla gonna.

Ahi grande amore, piccola amata!

Non attendere che ti osservi nella distanza,
all'indietro, rimani
con ciò che ti lasciai, passeggia
con la mia fotografia tradita,
io continuerò a camminare,
aprendo ampie strade contro l'ombra, facendo
dolce la terra, distribuendo
la stella per chi arriva.

Resta sulla strada.
Per te è giunta la notte.
Forse all'alba
ci vedremo nuovamente.

Ahi grande amore, piccola amata!

LA MORTA

Se all'improvviso non esisti,
se all'improvviso non vivi,
io continuerò a vivere.

Non oso,
non oso scriverlo,
se muori.

Io continuerò a vivere.

Perché dove un uomo non ha voce,
lì la mia voce.

Dove i negri saranno bastonati,
io non posso esser morto.
Quando i miei fratelli entreranno in prigione
io entrerò con loro.

Cuando la victoria,
no mi victoria,
sino la gran victoria,
llegue,
aunque esté mudo debo hablar:
yo la veré llegar aunque esté ciego.
No, perdóname.

Si tú no vives,
si
tú, querida, amor mío,
si tú
te has muerto,
todas las hojas caerán en mi pecho,
lloverá sobre mi alma noche y día,
la nieve quemará mi corazón,
andaré con frío y fuego y muerte y nieve,
mis pies querrán marchar hacia donde tú duermes,
pero
seguiré vivo,
porque tú me quisiste sobre todas las cosas
indomable,
y, amor, porque tú sabes que soy no sólo un hombre
sino todos los hombres.

ODA AL AMOR

Amor, hagamos cuentas.
A mi edad
no es posible
engañar o engañarnos.
Fui ladrón de caminos,
tal vez.

No me arrepiento.
Un minuto profundo,
una magnolia rota
por mis dientes

Quando la vittoria,
non la mia vittoria,
ma la gran vittoria,
giungerà,
anche se muto dovrò parlare:
la vedrò giungere anche se cieco.
No, perdonami.

Se tu non vivi,
se
tu, amata, amor mio,
se tu
sei morta,
tutte le foglie cadranno sul mio petto,
pioverà sulla mia anima notte e giorno,
la neve brucerà il mio cuore,
camminerò con freddo e fuoco e morte e neve,
i miei piedi vorranno andare dove tu dormi,
ma
continuerò a vivere,
perché tu m'hai voluto sopra tutte le cose
indomito,
e, amore, perché tu sai che sono non solo un uomo
ma tutti gli uomini.

ODE ALL'AMORE

Amore, facciamo i conti.
Alla mia età
non è possibile
ingannare o ingannarci.
Fui un ladro di strada,
forse.

Non mi pento.
Un minuto profondo,
una magnolia rotta
dai miei denti

y la luz de la luna
celestina.
Muy bien, pero el balance?
La soledad mantuvo
su red entretejida
de fríos jazmineros
y entonces
la que llegó a mis brazos
fue la reina rosada
de las islas.
Amor,
con una gota
aunque caiga
durante toda y toda
la nocturna
primavera
no se forma el océano
y me quedé desnudo,
solitario, esperando.
Pero, he aquí que aquella
que pasó por mis brazos
como una ola,
aquella
que sólo fue un sabor
de fruta vespertina,
de pronto
parpadeó como estrella,
ardió como paloma
y la encontré en mi piel
desenlazándose
como la cabellera de una hoguera.
Amor, desde aquel día
todo fue más sencillo.
Obedecí las órdenes
que mi olvidado corazón me daba
y apreté su cintura
y reclamé su boca
con todo el poderío
de mis besos,
como un rey que arrebata

e la luce della luna
favoreggiatrice.
Benissimo, ma il bilancio?

La solitudine mantenne
la sua rete intessuta
di freddi gelsomini
e allora
quella che giunse alle mie braccia
fu la regina rosea
delle isole.
Amore,
con una goccia
anche se cade
per tutta e tutta
la notturna
primavera
non si forma l'oceano
e restai nudo,
solitario, attendendo.
Ma, ecco che quella
che passò per le mie braccia
come un'onda,
quella
che solo fu un sapore
di frutta vespertina,
d'improvviso
ammiccò come stella,
arse come colomba
e la trovai nella mia pelle
che si scioglieva
come la chioma di un fuoco.
Amore, da quel giorno
tutto fu più semplice.
Ubbidii agli ordini
che il mio dimenticato cuore mi dava
e strinsi la sua cintura
e reclamai la sua bocca
con tutto il potere
dei miei baci,
come un re che conquista

con un ejército desesperado
una pequeña torre donde crece
la azucena salvaje de su infancia.

Por eso, Amor, yo creo
que enmarañado y duro
puede ser tu camino,
pero que vuelves
de tu cacería
y cuando enciendes
otra vez el fuego,
como el pan en la mesa,
así, con sencillez,
debe estar lo que amamos.
Amor, eso me diste.

Cuando por vez primera
ella llegó a mis brazos
pasó como las aguas
en una despeñada primavera.
Hoy
la recojo.
Son angostas mis manos y pequeñas
las cuencas de mis ojos
para que ellas reciban
su tesoro,
la cascada
de interminable luz, el hilo de oro,
el pan de su fragancia
que son sencillamente, Amor, mi vida.

ODA AL DÍA FELIZ

Esta vez dejadme
ser feliz.
Nada ha pasado a nadie,
no estoy en parte alguna,
sucede solamente

con un esercito disperato
una piccola torre dove cresce
il giglio selvaggio della sua infanzia.

Per questo, Amore, io credo
che intricata e dura
può essere la tua strada,
ma che tu torni
dalla tua caccia
e quando accendi
nuovamente il fuoco,
come il pane sulla tavola,
così, con semplicità,
dev'essere ciò che amiamo.
Amore, questo mi desti.

Quando per la prima volta
essa giunse alle mie braccia
accadde come le acque
in una precipitata primavera.
Oggi
la raccolgo.
Sono anguste le mie mani e piccole
le orbite dei miei occhi
perché esse ricevano
il loro tesoro,
la cascata
d'interminabile luce, il filo d'oro,
il pane della sua fragranza
che sono semplicemente, Amore, la mia vita.

ODE AL GIORNO FELICE

Questa volta lasciatemi
esser felice.
Non è successo nulla a nessuno,
non sono in alcuna parte,
accade solamente

que soy feliz
por los cuatro costados
del corazón, andando,
durmiendo o escribiendo.

Qué voy a hacerle? Soy
feliz,
soy más innumerable
que el pasto
en las praderas,
siento la piel como un árbol rugoso
y el agua abajo,
los pájaros arriba,
el mar como un anillo
en mi cintura,
hecha de pan y piedra la tierra,
el aire canta como una guitarra.

Tú a mi lado en la arena
eres arena,
tú cantas y eres canto,
el mundo
es hoy mi alma:
canto y arena,
el mundo
es hoy tu boca:
dejadme
en tu boca y en la arena
ser feliz,
ser feliz porque sí, porque respiro
y porque tú respiras,
ser feliz porque toco
tu rodilla
y es como si tocara
la piel azul del cielo
y su frescura.

Hoy dejadme
a mí solo
ser feliz,
con todos o sin todos,

che son felice
in tutte le parti
del cuore, camminando,
dormendo o scrivendo.

Che ci posso fare? Sono
felice,
son piú innumerevole
dell'erba
nelle praterie,
sento la pelle come un albero rugoso
e sotto l'acqua,
sopra gli uccelli,
il mare come un anello
alla mia cintura,
fatta di pane e di pietra la terra,
l'aria canta come una chitarra.

Tu al mio fianco sulla sabbia
sei sabbia,
tu canti e sei canto,
il mondo
oggi è la mia anima:
canto e sabbia,
il mondo
è oggi la tua bocca:
lasciatemi
sulla tua bocca e nella sabbia
esser felice,
esser felice perché sì, perché respiro
e perché tu respiri,
esser felice perché tocco
il tuo ginocchio
ed è come se toccassi
la pelle azzurra del cielo
e la sua freschezza.

Oggi lasciate
me solo
esser felice,
con tutti o senza tutti,

ser feliz
con el pasto
y la arena,
ser feliz
con el aire y la tierra
ser feliz,
contigo, con tu boca,
ser feliz.

ODA A LA MALVENIDA

Planta de mi país, rosa de tierra,
estrella trepadora,
zarza negra,
pétalo de la luna en el océano
que amé con sus desgracias y sus olas,
con sus puñales y sus callejones,
amapola
erizada,
clavel de nácar negro,
por qué
cuando mi copa
desbordó y cuando
mi corazón cambió de luto a fuego,
cuando no tuve para ti, para ofrecerte,
lo que toda la vida te esperaba,
entonces
tú llegastes,
cuando letras quemantes
van ardiendo en mi frente.
Por qué la línea pura
de tu nupcial contorno
llegó como un anillo
rodando por la tierra?

No debías
de todas y de todas
llegar a mi ventana

esser felice
con l'erba
e con la sabbia,
esser felice,
con l'aria e con la terra,
esser felice,
con te, con la tua bocca,
esser felice.

ODE ALLA MALVENUTA

Pianta del mio paese, rosa di terra,
stella rampicante,
sterpo nero,
petalo della luna nell'oceano
che amai con le sue disgrazie e le sue onde,
coi suoi pugnali e le sue stradicciole,
papavero
irto,
garofano di medreperla nera,
perché
quando la mia coppa
traboccò e quando
il mio cuore cambiò dal lutto al fuoco,
quando non ebbi per te, da offrirti,
ciò che tutta la vita t'attendeva,
allora
tu giungesti,
quando lettere brucianti
vanno ardendo sulla mia fronte.
Perché la linea pura
del tuo nuziale contorno
giunse come un anello
rotolando per la terra?

Non dovevi
di tutte e di tutte
giungere alla mia finestra

como un jazmín tardío.
No eras, oh llama oscura,
la que debió tocarme
y subir con mi sangre
hasta mi boca.
Ahora,
qué puedo contestarte?

Consúmete,
no esperes,
no hay espera
para tus labios de piedra nocturna.
Consúmete,
tú en tu llama,
yo en mi fuego,
y ámame
por el amor que no pudo esperarte,
ámame en lo que tú y yo
tenemos de piedra o de planta:
seguiremos viviendo
de lo que no nos dimos:
del hombre en que no pudo reclinarse una rosa,
de una flor que su propia quemadura ilumina.

ODA A UN RELOJ EN LA NOCHE

En la noche, en tu mano,
brilló como luciérnaga
mi reloj.
Oí
su cuerda:
como un susurro seco
salía
de tu mano invisible.

Tu mano entonces
volvió a mi pecho oscuro
a recoger mi sueño y su latido.

come un gelsomino tardivo.
Non eri, oh fiamma oscura,
quella che mi doveva toccare
e salire col mio sangue
fino alla mia bocca.
Ora,
cosa posso risponderti?

Consumati,
non attendere,
non c'è attesa
per le tue labbra di pietra notturna.
Consumati,
tu nella tua fiamma,
io nel mio fuoco,
e amami
per l'amore che non poté attenderti,
amami in ciò che tu ed io
abbiamo di pietra o di pianta:
continueremo a vivere
di ciò che non ci demmo:
della spalla su cui non poté reclinarsi una rosa,
di un fiore che la sua stessa bruciatura illumina.

ODE A UN OROLOGIO NELLA NOTTE

Nella notte, nella tua mano
brillò come lucciola
il mio orologio.
Ho udito
la sua molla:
come un sussurro secco
usciva
dalla tua mano invisibile.

La tua mano allora
tornò al mio petto oscuro
a raccogliere il mio sogno e il suo palpito.

El reloj
siguió cortando el tiempo
con su pequeña sierra.
Como en un bosque
caen
fragmentos de madera,
mínimas gotas, trozos
de ramajes o nidos,
sin que cambie el silencio,
sin que la fresca oscuridad termine,
así
siguió el reloj cortando,
desde tu mano invisible,
tiempo, tiempo,
y cayeron
minutos como hojas,
fibras de tiempo roto,
pequeñas plumas negras.

Como en el bosque,
olíamos raíces,
el agua en algún sitio desprendía
una gotera gruesa
como uva mojada,
un pequeño molino
molía noche:
la sombra susurraba
cayendo de tu mano
y llenaba la tierra.
Polvo,
tierra, distancia
molía y molía
mi reloj en la noche,
desde tu mano.

Yo puse
mi brazo
bajo tu cuello invisible,
bajo su peso tibio,
y en mi mano
cayó el tiempo,

L'orologio
continuò a tagliare il tempo
con la sua piccola sega.
Come in un bosco
cadono
frammenti di legno,
minime gocce, pezzi
di rami o nidi,
senza che cambi il silenzio,
senza che la fresca oscurità abbia fine,
così
continuò l'orologio a tagliare,
dalla tua mano invisibile,
tempo, tempo,
e caddero
minuti come foglie,
fibre di tempo rotto,
piccole penne nere.

Come nel bosco,
fiutavamo radici,
l'acqua in qualche luogo emanava
una sgocciolatura grossa
come uva bagnata,
un piccolo mulino
macinava notte:
l'ombra sussurrava
cadendo dalla tua mano
ed empiva la terra.
Polvere,
terra, distanza
macinava e macinava
il mio orologio nella notte,
dalla tua mano.

Io misi
il mio braccio
sotto il tuo collo invisibile,
sotto il suo peso tiepido,
e nella mia mano
cadde il tempo,

la noche,
pequeños ruidos
de madera y de bosque,
de noche dividida,
de fragmentos de sombra,
de agua que cae y cae.
Entonces
cayó el sueño
desde el reloj y desde
tus dos manos dormidas:
cayó como agua oscura
de los bosques,
del reloj
a tu cuerpo,
de ti hacia los países,
agua oscura,
tiempo que cae
y corre
adentro de nosotros.

Y así fue aquella noche,
sombra y espacio, tierra
y tiempo,
algo que corre y cae
y pasa.
Y así todas las noches
van por la tierra,
no dejan sino un vago
aroma negro.
Cae una hoja,
una gota
en la tierra
apaga su sonido:
duerme el bosque, las aguas,
las praderas,
las campanas,
los ojos.

Te oigo y respiras,
amor mío,
dormimos.

la notte,
piccoli rumori
di legno e di bosco,
di notte divisa,
di frammenti d'ombra,
d'acqua che cade e cade.
Allora
cadde il sonno
dall'orologio e dalle
tue due mani addormentate,
cadde come acqua oscura
dei boschi,
dall'orologio
al tuo corpo,
da te verso i paesi,
acqua oscura,
tempo che cade
e corre
dentro di noi.

Così fu quella notte,
ombra e spazio, terra
e tempo,
qualcosa che corre e cade
e passa.
Così tutte le notti
vanno per la terra,
non lasciano che un vago
aroma nero.
Cade una foglia,
una goccia
nella terra
spegne il suo suono:
dorme il bosco, le acque,
le praterie,
le campane,
gli occhi.

Ti odo e respiri,
amor mio,
dormiamo.

ODA A SU AROMA

Suave mía, a qué hueles,
a qué fruto,
a qué estrella, a qué hoja?

Cerca
de tu pequeña oreja
o en tu frente
me inclino,
clavo
la nariz contra el pelo
y la sonrisa
buscando, conociendo
la raza de tu aroma.
Es suave, pero
no es flor, no es cuchillada
de clavel penetrante
o arrebatado aroma
de violentos
jazmines:
es algo, es tierra,
es
aire,
maderas o manzanas,
olor,
de la luz en la piel,
aroma
de la hoja
del árbol
de la vida
con polvo
de camino
y frescura
de matutina sombra
en las raíces:
olor de piedra y río,
pero
más cerca
de un durazno,

ODE AL SUO AROMA

Dolce mia, di che profumi,
di che frutto,
di che stella, di che foglia?

Vicino
al tuo piccolo orecchio
o sulla tua fronte
mi chino,
affondo
il naso tra i tuoi capelli
e il sorriso
cercando, conoscendo
la natura del tuo aroma.
È dolce, ma
non è fiore, non è coltellata
di garofano penetrante
o impetuoso aroma
di violenti
gelsomini:
è qualcosa, è terra,
è
aria,
legni o mele,
odore
della luce sulla pelle,
aroma
della foglia
dell'albero
della vita
con polvere
di strada
e freschezza
di ombra mattutina
nelle radici:
odore di pietra e di fiume,
ma
piú vicino
a un pesco,

de la tibia
palpitación secreta
de la sangre,
olor
a casa pura
y a cascada,
fragancia
de paloma
y cabellera,
aroma
de mi mano
que recorrió la luna
de tu cuerpo,
las estrellas
de tu piel estrellada,
el oro,
el trigo,
el pan de tu contacto,
y allí
en la longitud
de tu luz loca,
en tu circunferencia de vasija,
en la copa,
en los ojos de tus senos,
entre tus anchos párpados
y tu boca de espuma,
en todo
dejó,
dejó mi mano
olor de tinta y selva,
sangre y frutos perdidos,
fragancia
de olvidados planetas,
de puros
papeles vegetales:
allí
mi propio cuerpo
sumergido
en la frescura de tu amor, amada,
como en un manantial
o en el sonido

al tiepido
palpito segreto
del sangue,
odore
di casa pura
e di cascata,
fragranza
di colomba
e di chioma,
aroma
della mia mano
che percorse la luna
del tuo corpo,
le stelle
della tua pelle stellata,
l'oro,
il frumento,
il pane del tuo contatto,
e lì
nell'estensione
della tua luce pazza,
nella tua circonferenza d'anfora,
nella coppa,
negli occhi dei tuoi seni,
tra le tue ampie palpebre
e la tua bocca di schiuma,
in tutto
lasciò,
lasciò la mia mano
odore d'inchiostro e di selva,
sangue e frutti perduti,
fragranza
di pianeti dimenticati,
di pure
carte vegetali:
lì
il mio corpo
sommerso
nella freschezza del tuo amore, amata,
come in una sorgente
o nel suono

de un campanario,
arriba,
entre el olor del cielo
y el vuelo
de las últimas aves,
amor,
olor, palabra,
de tu piel, del idioma,
de la noche en tu noche,
del día en tu mirada.

Desde tu corazón
sube
tu aroma
como desde la tierra
la luz hasta la cima del cerezo:
en tu piel yo detengo
tu latido
y huelo
la ola de luz que sube,
la fruta sumergida
en su fragancia,
la noche que respiras,
la sangre que recorre
tu hermosura
hasta llegar al beso
que me espera
en tu boca.

ODA A LA BELLA DESNUDA

Con casto corazón, con ojos
puros,
te celebro, belleza,
reteniendo la sangre
para que surja y siga
la línea, tu contorno,
para

d'un campanile,
in alto
tra l'odore del cielo
e il volo
dell'ultimo uccello,
amore,
odore, parola
della tua pelle, dell'idioma,
della notte nella tua notte,
del giorno nel tuo sguardo.

Dal tuo cuore
sale
il tuo aroma
come dalla terra
la luce fino alla cima del ciliegio:
nella tua pelle io trattengo
il tuo palpito
e fiuto
l'onda di luce che sale,
il frutto sommerso
nella sua fragranza,
la notte che respiri,
il sangue che percorre
la tua bellezza
fino a giungere al bacio
che mi attende
sulla tua bocca.

ODE ALLA BELLA IGNUDA

Con casto cuore, con occhi
puri,
ti celebro, bellezza,
trattenendo il sangue
perché sorga e continui
la linea, il tuo contorno,
perché

que te acuestes en mi oda
como en tierra de bosques o en espuma:
en aroma terrestre
o en música marina.

Bella desnuda,
igual
tus pies arqueados
por un antiguo golpe
del viento o del sonido
que tus orejas,
caracolas mínimas
del espléndido mar americano.
Iguales son tus pechos
de paralela plenitud, colmados
por la luz de la vida.
Iguales son
volando
tus párpados de trigo
que descubren
o cierran
dos países profundos en tus ojos.

La línea que tu espalda
ha dividido
en pálidas regiones
se pierde y surge
en dos tersas mitades
de manzana,
y sigue separando
tu hermosura
en dos columnas
de oro quemado, de alabastro fino,
a perderse en tus pies como en dos uvas,
desde donde otra vez arde y se eleva
el árbol doble de tu simetría,
fuego florido, candelabro abierto,
turgente fruta erguida
sobre el pacto del mar y de la tierra.

Tu cuerpo, en qué materia,

191

ti corichi nella mia ode
come in terra di boschi o in schiuma:
in aroma terrestre
o in musica marina.

Bella ignuda,
uguali
i tuoi piedi arcuati
da un antico colpo
del vento o del suono
alle tue orecchie,
minuscole conchiglie
dello splendido mare americano.
Uguali sono i tuoi seni
di parallela pienezza, ricolmi
della luce della vita.
Uguali sono
volando
le tue palpebre di frumento
che scoprono
o chiudono
due paesi profondi nei tuoi occhi.

La linea che la tua schiena
ha diviso
in pallide regioni
si perde e sorge
in due terse metà
di mela,
e continua a separare
la tua bellezza
in due colonne
d'oro bruciato, di fine alabastro,
a perdersi nei tuoi piedi come in due uve,
da dove di nuovo arde e si eleva
l'albero duplice della tua simmetria,
fuoco fiorito, candelabro aperto,
turgida frutta eretta
sopra il patto del mare e della terra.

Il tuo corpo, in che materia,

ágata, cuarzo, trigo,
se plasmó, fue subiendo
como el pan se levanta
de la temperatura,
y señaló colinas
plateadas,
valles de un solo pétalo, dulzuras
de profundo terciopelo,
hasta quedar cuajada
la fina y firme forma femenina?

No sólo es luz que cae
sobre el mundo
la que alarga en tu cuerpo
su nieve sofocada,
sino que se desprende
de ti la claridad como si fueras
encendida por dentro.

Debajo de tu piel vive la luna.

ODA A LA CASCADA

De pronto, un día
me levanté temprano
y te di una cascada.
De todo
lo que existe
sobre la tierra,
piedras,
edificios,
claveles,
de todo
lo que vuela en el aire,
nubes,
pájaros,
de todo
lo que existe

agata, quarzo, frumento,
si plasmò, andò salendo
come s'innalza il pane
dalla temperatura,
e segnalò colline
argentate,
valli d'un solo petalo, dolcezze
di profondo velluto,
fino a restar coagulata
la fine e ferma forma femminile?

Non solo è luce che cade
sopra il mondo
quella che allunga nel tuo corpo
la sua neve soffocata,
ma da te emana
la chiarezza come se fossi
accesa dentro.

Sotto la tua pelle vive la luna.

ODE ALLA CASCATA

D'improvviso, un giorno
mi alzai per tempo
e ti diedi una cascata.
Di tutto
ciò che esiste
sopra la terra;
pietre,
edifici,
garofani,
di tutto
ciò che vola nell'aria,
nubi,
uccelli,
di tutto
ciò che esiste

194

bajo la tierra,
minerales
muertos,
no hay
nada tan fugitivo,
nada que cante
como una cascada.

Ahí la tienes:
ruge
como leona blanca,
brilla
como la flor del fósforo,
sueña
con cada uno de tus sueños,
canta
en mi canto
dándome
pasajera platería.
Pero
trabaja
y mueve
la rueda
de un molino
y no sólo
es herido crisantemo,
sino realizadora
de la harina,
madre del pan que comes
cada día.

Nunca
te pesará lo que te he dado,
porque siempre
fue tuyo
lo que te di, la flor o la madera,
la palabra o el muro
que sostienen
todo el amor errante que reposa
ardiendo en nuestras manos,
pero de cuanto

sotto la terra,
minerali
morti,
nulla v'è
di così fuggitivo,
nulla che canti
come una cascata.

È lì:
ruggisce
come una leonessa bianca,
brilla
come il fiore del fosforo,
sogna
con ognuno dei tuoi sogni,
canta
nel mio canto
dandomi
argenteria passeggera.
Ma
lavora
e muove
la ruota
di un mulino
e non solo
è ferito crisantemo,
ma realizzatrice
della farina,
madre del pane che mangi
ogni giorno.

Mai
ti dorrà ciò che t'ho dato
perché sempre
fu tuo
ciò che ti diedi, il fiore o il legno,
la parola o il muro
che sostengono
tutto l'amore errante che riposa
ardendo nelle nostre mani,
ma di quanto

te di,
te doy,
te entrego,
será esta
secreta
voz
del agua
la que un día
dirá en su idioma cuánto
tú y yo callamos,
contará nuestros besos
a la tierra,
a la harina,
seguirá
moliendo
trigo,
noche,
silencio,
palabras,
cuentos,
canto.

ODA A SUS MANOS

Yo en un mercado
o en un mar de manos
las tuyas
reconocería
como dos aves blancas,
diferentes
entre todas las aves:
vuelan entre las manos,
migratorias,
navegan en el aire,
transparentes,
pero
vuelven
a tu costado,

ti diedi,
ti do,
ti affido,
sarà questa
segreta
voce
dell'acqua
quella che un giorno
dirà nella sua lingua quanto
tu ed io tacemmo,
racconterà i nostri baci
alla terra,
alla farina,
continuerà
a macinare
frumento,
notte,
silenzio,
parole,
racconti,
canto.

ODE ALLE SUE MANI

Io in un mercato
o in un mare di mani
le tue
riconoscerei
come due uccelli bianchi,
diversi
tra tutti gli uccelli:
volano tra le mani,
migratrici,
navigano nell'aria,
trasparenti,
ma
tornano
al tuo fianco,

a mi costado,
se repliegan, dormidas, en mi pecho.
Diáfanas son, delgadas
y desnudas,
lúcidas como
una cristalería,
y andan
como
abanicos
en el aire,
como plumas del cielo.

Al pan también y al agua se parecen,
al trigo, a los países de la luna,
al perfil de la almendra, al pez salvaje
que palpita plateado
en el camino
de los manantiales.
Tus manos van y vienen
trabajando,
lejos, suenan
tocando tenedores,
hacen fuego y de pronto chapotean
en el agua
negra de la cocina,
picotean la máquina aclarando
el matorral de mi caligrafía,
clavan en las paredes,
lavan ropa
y vuelven otra vez a su blancura.

Por algo
se dispuso en la tierra
que durmiera y volara
sobre mi corazón
este milagro.

al mio fianco,
si ripiegano, addormentate, sul mio petto.
Diafane sono, sottili
e nude,
lucide come
una cristalliera,
e vanno
come
ventagli
nell'aria,
come piume del cielo.

Al pane e all'acqua pure rassomigliano,
al frumento, ai paesi della luna,
al profilo della mandorla, al pesce selvaggio
che palpita argenteo
sulla strada
delle sorgenti.
Le tue mani vanno e vengono
lavorando,
lontano, suonano
toccando forchette,
fan fuoco e d'improvviso diguazzano
nell'acqua
nera della cucina,
beccuzzano la macchina chiarendo
il cespuglio della mia calligrafia,
piantano chiodi nelle pareti,
lavano biancheria
e tornano di nuovo alla loro bianchezza.

Per qualcosa
fu disposto sulla terra
che dormisse e volasse
sul mio cuore
questo miracolo.

ODA A PIES DE FUEGO

Con esos
pies
pequeños
parecidos
a abejas,
cómo
gastas
zapatos!
Yo sé
que vas y vienes,
que corres las escalas,
que adelantas al viento.
Antes
de que
te llame
ya has llegado,
y junto a la agresiva
cintura de la costa,
arena, piedra, espinas,
vas
a mi lado,
en los bosques
pisando troncos, mudas
aguas verdes
o en las calles
andando
intransitables
suburbios, pavimentos
de alquitrán fatigado.
A esa hora
en que la luz
del mundo
se deshilacha como
una bandera,
tú, por calles y bosques,
a mi lado
caminas,
bravía, inagotable
compañera,

ODE A PIEDI DI FUOCO

Con quei
piedi
piccoli
simili
ad api,
come mai
usi
scarpe!
So bene
che vai e vieni,
che corri per le scale,
che precedi il vento.
Prima
che
ti chiami
sei già giunta,
e vicino all'aggressiva
cintura della costa,
arena, pietra, spine,
vai
al mio fianco,
nei boschi
calpestando tronchi, mute
acque verdi,
o nelle strade
percorrendo
intransitabili
sobborghi, pavimenti
di catrame stanco.
A quell'ora
in cui la luce
del mondo
si sfilaccia come
una bandiera,
tu, per strade e boschi,
al mio fianco
cammini,
indomita, inesauribile
compagna,

pero,
Dios mío,
cómo gastas
zapatos!

Apenas
me parece
que llegaron
en su caja
y al abrirla
salieron
bruñidos
como dos
pequeñas herramientas
de combate,
intactos
como
dos monedas
de
oro,
como dos campanitas,
y hoy,
qué veo?
En tus pies
dos erizos
arrugados,
dos puños entreabiertos,
dos informes
pepinos,
dos batracios
de cuero
desteñido:
eso,
eso
han llegado
a ser
los dos luceros
hace un mes, sólo un mes
salidos
de la zapatería.

ma,
Dio mio,
come mai
usi scarpe!

Mi sembra
che siano appena
giunte
nella loro scatola
e che all'aprirla
siano uscite
brunite
come due
piccoli ferri
da combattimento,
intatti
come
due monete
di
oro,
come due campanelle,
e oggi,
che vedo?
Nei tuoi piedi
due ricci
raggrinziti,
due pugni semiaperti,
due informi
cetrioli,
due batraci
di pelle
stinta:
questo,
questo
han finito
per essere
i due astri
un mese fa, un mese solo
usciti
dalla calzoleria.

Como
flor amarilla de hermosura,
abierta en la barranca,
o enrededadera viva en el ramaje,
como
la calceolaria
o el copihue
o como el amaranto electrizado,
así,
mi cristalina, mi fragante,
así tú, floreciendo, me acompañas,
y una pajarería, una cascada
de los australes
montes
es
tu corazón
cantando
junto al mío,
pero,
cómo
te comes
los zapatos,
Pies de Fuego!

ODA AL SECRETO AMOR

Tú sabes
que adivinan
el misterio:
me ven,
nos ven,
y nada
se ha dicho,
ni tus ojos,
ni tu voz, ni tu pelo,
ni tu amor han hablado,
y lo saben
de pronto,
sin saberlo
lo saben:

Come
fiore giallo di bellezza,
aperto sul burrone,
o rampicante vivo nei rami,
come
la calceolaria
o il copihue
o come l'amaranto elettrizzato,
così,
mia cristallina, mia fragrante,
così tu, fiorendo, m'accompagni,
e uno schiamazzo d'uccelli, una cascata
dei monti
australi
è
il tuo cuore
che canta
presso il mio,
ma,
come
ti mangi
le scarpe,
Piedi di Fuoco!

ODE AL SEGRETO AMORE

Tu sai
che indovinano
il mistero:
mi vedono,
ci vedono,
e nulla
è stato detto,
né i tuoi occhi,
né la tua voce, né i tuoi capelli,
né il tuo amore hanno parlato,
e lo sanno
d'improvviso,
senza saperlo
lo sanno:

me despido y camino
hacia otro lado
y saben
que me esperas.

Alegre
vivo
y canto
y sueño,
seguro
de mí mismo,
y conocen,
de algún modo,
que tú eres mi alegría.

Ven
a través del pantalón oscuro
las llaves
de tu puerta,
las llaves
del papel, de la luna
en los jazmines,
el canto en la cascada.

Tú, sin abrir la boca,
desbocada,
tú, cerrando los ojos,
cristalina,
tú, custodiando
entre las hojas negras
una paloma roja,
el vuelo
de un escondido corazón,
y entonces
una sílaba,
una gota
del cielo,
un sonido
suave de sombra y polen
en la oreja,
y todos
lo saben,
amor mío,

mi accommiato e cammino
verso un'altra parte
e sanno
che mi attendi.

Felice
vivo
e canto
e sogno,
sicuro
di me stesso,
e in qualche modo
conoscono
che tu sei la mia gioia.

Vedono
attraverso i pantaloni oscuri
le chiavi
della tua porta,
le chiavi
della carta, della luna
nei gelsomini,
il canto nella cascata.

Tu, senza aprire la bocca,
sbrigliata,
tu, chiudendo gli occhi,
cristallina,
tu, che custodisci
tra le foglie nere
una colomba rossa,
il volo
di un cuore nascosto,
e allora
una sillaba,
una goccia
del cielo,
un suono
dolce d'ombra e di polline
nell'orecchio,
e tutti
lo sanno,
amor mio,

circula entre los hombres,
en las librerías,
junto a las mujeres,
cerca
del mercado
rueda
el anillo
de nuestro
secreto
amor
secreto.

Déjalo
que se vaya
rodando
por las calles,
que asuste
a los retratos,
a los muros,
que vaya y vuelva
y salga
con las nuevas
legumbres del mercado,
tiene
tierra,
raíces
y arriba
una amapola,
tu boca
una amapola.
Todo
nuestro secreto,
nuestra clave,
palabra
oculta,
sombra,
murmullo,
eso
que alguien
dijo
cuando no estábamos presentes,
es sólo una amapola,

circola tra gli uomini,
nelle librerie,
vicino alle donne,
vicino
al mercato
rotola
l'anello
del nostro
segreto
amore
segreto.

Lascia
che se ne vada
rotolando
per le strade,
che spaventi
i ritratti,
i muri,
che vada e torni
ed esca
con i nuovi
legumi del mercato,
ha
terra,
radici
e in alto
un papavero,
la tua bocca
un papavero.
Tutto
il nostro segreto,
la nostra chiave,
parola
nascosta,
ombra,
mormorio,
quello
che qualcuno
disse
quando non eravamo presenti,
è solo un papavero,

una amapola.
Amor,
amor,
amor,
oh flor secreta,
llama
invisible,
clara
quemadura!

ODA A UN CINE DE PUEBLO

Amor mío,
vamos
al cine del pueblito.

La noche transparente
gira
como un molino
mudo, elaborando
estrellas.
Tú y yo entramos
al cine
del pueblo, lleno de niños
y aroma de manzanas.
Son las antiguas cintas,
los
sueños ya gastados.
La pantalla ya tiene
color de piedra o lluvia.
La bella prisionera
del villano
tiene ojos de laguna
y voz de cisne,
corren
los más vertiginosos
caballos
de la tierra.

Los vaqueros
perforan

un papavero.
Amore,
amore,
amore,
oh fiore segreto,
fiamma
invisibile,
chiara
bruciatura!

ODE A UN CINEMATOGRAFO DI PAESE

Amore mio,
andiamo
al cine del paesino.

La notte trasparente
gira
come un mulino
muto, elaborando
stelle.
Tu ed io entriamo
nel cine
del villaggio, pieno di bimbi
e d'aroma di mele.
Sono le antiche pellicole,
i
sogni ormai sciupati.
Lo schermo ha ormai
color di pietra o di pioggia.
La bella prigioniera
dello zotico
ha occhi di laguna
e voce di cigno,
corrono
i piú vertiginosi
cavalli
della terra.

I vaccari
trapassano

con sus tiros
la peligrosa luna
de Arizona.
Con el alma
en un hilo
atravesamos
estos
ciclones
de violencia,
la formidable
lucha
de los espadachines en la torre,
certeros como avispas,
la avalancha emplumada
de los indios
abriendo su abanico en la pradera.

Muchos
de los muchachos
del pueblo
se han dormido,
fatigados del día en la farmacia,
cansados de fregar en las cocinas.
Nosotros
no, amor mío.
No vamos a perdernos
este sueño
tampoco:
mientras
estemos
vivos
haremos nuestra
toda
la vida verdadera,
pero también
los sueños:
todos
los sueños
soñaremos.

con i loro spari
la pericolosa luna
dell'Arizona.
Con l'anima
appesa a un filo
attraversiamo
questi
cicloni
di violenza,
la formidabile
lotta
degli spadaccini sulla torre,
sicuri come vespe,
la valanga piumata
degli indios
che apre il suo ventaglio sulla prateria.

Molti
dei ragazzi
del villaggio
si sono addormentati,
stanchi del giorno nella farmacia,
stanchi di pulire nelle cucine.
Noi
no, amor mio.
Non ci perderemo
neppure
questo sogno:
finché
saremo
vivi
faremo nostra
tutta
la vera vita,
ma anche
i sogni:
tutti
i sogni
sogneremo.

ODA A LA JARDINERA

Sí, yo sabía que tus manos eran
el alhelí florido, la azucena
de plata:
algo que ver tenías
con el suelo,
con el florecimiento de la tierra,
pero,
cuando
te vi cavar, cavar,
apartar piedrecitas
y manejar raíces
supe de pronto,
agricultora mía,
que
no sólo
tus manos,
sino tu corazón
eran de tierra,
que allí
estabas
haciendo
cosas tuyas,
tocando
puertas
húmedas
por donde
circulan
las
semillas.

Así, pues,
de una a otra
planta
recién
plantada,
con el rostro
manchado
por un beso
del barro,

ODE ALLA GIARDINIERA

Sì, io sapevo che le tue mani erano
la violacciocca fiorita, il giglio
d'argento:
qualcosa avevi a che vedere
con il suolo,
con la fioritura della terra,
ma,
quando
ti vidi scavare, scavare,
togliere pietruzze
e maneggiar radici
seppi d'improvviso,
agricoltora mia,
che
non solo
le tue mani,
ma il tuo cuore
eran di terra,
che lì
stavi
facendo
cose tue,
toccando
porte
umide
per dove
circolano
i
semi.

Così, dunque,
dall'una all'altra
pianta
appena
piantata,
col volto
macchiato
da un bacio
del fango,

ibas,
y regresabas
floreciendo,
ibas
y de tu mano
el tallo
de la alstromeria
elevó su elegancia solitaria,
el jazmín
aderezó
la niebla de tu frente
con estrellas de aroma y de rocío.
Todo
de ti crecía
penetrando
en la tierra
y haciéndose
inmediata
luz verde,
follaje y poderío.
Tú le comunicabas
tus semillas,
amada mía,
jardinera roja.
Tu mano
se tuteaba
con la tierra
y era instantáneo
el claro crecimiento.
Amor, así también
tu mano
de agua,
tu corazón de tierra,
dieron
fertilidad
y fuerza a mis canciones.
Tocas
mi pecho
mientras duermo
y los árboles brotan
de mi sueño.

andavi
e ritornavi
fiorendo,
andavi
e dalla tua mano
il tallo
dell'alstromeria
innalzò la sua eleganza solitaria,
il gelsomino
adornò
la nebbia della tua fronte
con stelle d'aroma e di rugiada.
Tutto
da te cresceva
penetrando
nella terra
e facendosi
immediata
luce verde,
fogliame e potenza.
Tu gli comunicavi
i tuoi semi,
amata mia,
giardiniera rossa.
La tua mano
scambiava il tu
con la terra
ed era istantanea
la chiara fioritura.
Amore, ugualmente
la tua mano
d'acqua,
il tuo cuore di terra,
diedero
fertilità
e forza alle mie canzoni.
Tocchi
il mio petto
mentre dormo
e gli alberi sbocciano
dal mio sonno.

Despierto, abro los ojos,
y has plantado
dentro de mí
asombradas estrellas
que suben
con mi canto.

Es así, jardinera.
Nuestro amor
es
terrestre:
tu boca es planta de la luz, corola,
mi corazón trabaja en las raíces.

ODA AL VALS SOBRE LAS OLAS

Viejo vals estás vivo
latiendo
suavemente
no a la manera
de un
corazón enterrado,
sino como el olor
de una planta profunda,
tal vez como el aroma
del olvido.

No conozco
los
signos
de la música,
ni sus libros sagrados,
soy un
pobre poeta
de las calles
y sólo
vivo y muero
cuando

Sveglio, apro gli occhi,
e hai piantato
dentro me
stelle stupite
che salgono
col mio canto.

È cosí, giardiniera.
Il nostro amore
è
terrestre:
la tua bocca è pianta di luce, corolla,
il mio cuore lavora nelle radici.

ODE AL VALZER SULLE ONDE

Vecchio valzer sei vivo
e palpiti
dolcemente
non al modo
di un
cuore sepolto,
ma come l'odore
di una pianta profonda,
forse come l'aroma
dell'oblio.

Non conosco
i
segni
della musica,
né i suoi libri sacri,
sono un
povero poeta
delle strade
e solo
vivo e muoio
quando

de los sonidos enlutados
emerge sobre un mar de madreselva
la miel
antigua,
el baile coronado
por un ramo celeste de palmeras.

Oh, por las enramadas,
en la arena
de aquella costa, bajo
aquella luna,
bailar contigo el vals
de las espumas
apretando tu talle
y a la sombra
del cielo y su navío
besar sobre tus párpados tus ojos
despertando
el rocío
dormido en el jazmín fosforescente!

Oh, vals de labios puros
entreabiertos
al vaivén
amoroso
de las olas,
oh corazón
antiguo
levantado
en la nave
de la música,
oh vals
hecho
de
humo,
de palomas,
de nada,
que vives
sin embargo
como una cuerda fina,
indestructible,

dai suoni luttuosi
emerge sopra un mare di madreselva
il miele
antico,
la danza coronata
da un mazzo celeste di palme.

Oh, per i pergolati,
nella sabbia
di quella costa, sotto
quella luna,
ballare con te il valzer
delle schiume
stringendo la tua cintola
e all'ombra
del cielo e del suo naviglio
baciare sulle palpebre i tuoi occhi
risvegliando
la rugiada
addormentata nel gelsomino fosforescente!

Oh, valzer dalle labbra pure
semiaperte
al va e vieni
amoroso
delle onde,
oh cuore
antico
innalzato
sulla nave
della musica,
oh valzer
fatto
di
fumo,
di colombe,
di nulla,
che vivi
tuttavia
come una corda fine,
indistruttibile,

trenzada con
recuerdos
imprecisos,
con soledad, con tierra,
con jardines!
Bailar contigo, amor,
a la fragante
luz
de aquella luna,
de aquella antigua
luna,
besar, besar tu frente
mientras rueda
aquella
música
sobre las olas!

ODA AL VIAJE VENTUROSO

Oh, viaje venturoso!
Dejé la primavera
trabajando en mi patria.
Los motores
del ave de aluminio
trepidaron
y fueron fuerza pura
resbalando en el cielo.

Así las cordilleras y los ríos
crucé, las extensiones argentinas,
los volcanes, las ciénagas, las selvas:
nuestro planeta verde.
Luego lanzó el avión sobre las nubes
su rectitud de plata
cruzando agua infinita, noches
cortadas
como copas o cápsulas azules,
días desconocidos cuya llama

intrecciata di
ricordi
imprecisi,
di solitudine, di terra,
di giardini!
Danzare con te, amore,
alla fragrante
luce
di quella luna,
di quell'antica
luna,
baciare, baciare la tua fronte
mentre rotola
quella
musica
sopra le onde!

ODE AL VIAGGIO VENTUROSO

Oh, viaggio venturoso!
Lasciai la primavera
a lavorare nella mia patria.
I motori
dell'uccello d'alluminio
vibrarono
e furon forza pura
che scivolava nel cielo.

Così attraversai le cordigliere
e i fiumi, le distese argentine,
i vulcani, le paludi, le selve:
il nostro pianeta verde.
Poi l'aereo lanciò sopra le nubi
la sua dirittura d'argento
attraversando acqua infinita, notti
tagliate
come coppe o capsule azzurre,
giorni sconosciuti la cui fiamma

se deslizó en el viento,
hasta que descendimos
en nuestra estrella errante
sobre la antigua nieve de Finlandia.
Sólo unos días
en
la rosa blanca, reclinada
en su nave de madera,
y Moscú
abrió sus calles:
me esperaba
su claridad nocturna,
su vino transparente.
Viva es la luz del aire
y encendida es la tierra
a toda hora.
Aunque el invierno
cierre con espadas
los mares y los ríos,
alguien espera, nos reconocemos:
arde la vida en medio de la nieve.

Y cuando
de regreso
brilló tu boca bajo los pinares
de Dotitla y arriba
silbaron, crepitaron
y cantaron
extravagantes
pájaros
bajo la luna de Montevideo,
entonces
a tu amor he regresado,
a la alegría
de tus anchos ojos:
bajé, toqué la tierra
amándote y amando
mi viaje venturoso!

scivolò nel vento,
finché discendemmo
nella nostra stella errante
sopra l'antica neve di Finlandia.
Solo alcuni giorni
nella
rosa bianca, reclinata
sulla sua nave di legno,
e Mosca
aprì le sue strade:
m'attendeva
la sua chiarezza notturna,
il suo vino trasparente.
Viva è la luce dell'aria
e accesa è la terra
ad ogni ora.
Benché l'inverno
chiuda con spade
i mari e i fiumi,
qualcuno attende, ci riconosciamo:
arde la vita in mezzo alla neve.

E quando
di ritorno
brillò la tua bocca sotto i pini
di Dotitla e sopra
fischiarono, crepitarono
e cantarono
stravaganti
uccelli
sotto la luna di Montevideo,
allora
al tuo amore son tornato,
alla gioia
dei tuoi grandi occhi:
scesi, toccai la terra
amandoti e amando
il mio viaggio felice!

TESTAMENTO DE OTOÑO
(FRAGMENTO)

Matilde Urrutia, aquí te dejo
lo que tuve y lo que no tuve,
lo que soy y lo que no soy.
Mi amor es un niño que llora,
no quiere salir de tus brazos,
yo te lo dejo para siempre:
eres para mí la más bella.

Eres para mí la más bella,
la más tatuada por el viento,
como un arbolito del Sur
como un avellano en agosto.
Eres para mí suculenta
como una panadería,
es de tierra tu corazón
pero tus manos son celestes.

Eres roja y eres picante,
eres blanca y eres salada
como escabeche de cebolla.
Eres un piano que ríe
con todas las notas del alma
y sobre mí cae la música
de tus pestañas y tu pelo.
Me baño en tu sombra de oro
y me deleitan tu orejas
como si las hubiera visto
en las mareas de coral:
por tus uñas luché en las olas
contra pescados pavorosos.

De Sur a Sur se abren tus ojos,
y de Este a Oeste tu sonrisa,
no se te pueden ver los pies
y el sol se entretiene estrellando
el amanecer en tu pelo.
Tu cuerpo y tu rostro llegaron,
como yo, de regiones duras,

TESTAMENTO D'AUTUNNO
(FRAMMENTO)

Matilde Urrutia, qui ti lascio
ciò che ebbi e che non ebbi,
ciò che sono e che non sono.
Il mio amore è un bimbo che piange,
non vuol uscire dalle tue braccia,
io te lo lascio per sempre:
sei per me la più bella.

Sei per me la più bella,
la più tatuata dal vento,
come un alberello del sud,
come un nocciolo in agosto.
Sei per me succulenta
come una panetteria,
è di terra il tuo cuore
ma le tue mani son celesti.

Sei rossa e sei pungente,
sei bianca e sei saporita
come salsa di cipolla.
Sei un pianoforte che ride
con tutte le note dell'anima,
e su me cade la musica
delle tue ciglia e dei capelli.
Mi bagno nella tua ombra d'oro
mi dilettano le tue orecchie
come se le avessi viste
nelle maree di corallo:
per le tue unghie lottai nelle onde
contro pesci spaventosi.

Da Sud a Sud s'aprono i tuoi occhi,
da Est a Ovest il tuo sorriso,
non ti si possono vedere i piedi
il sole si diverte frantumando
l'alba nei tuoi capelli.
Il tuo corpo e il tuo viso vennero,
come me, da regioni dure,

de ceremonias lluviosas,
de antiguas tierras y martirios.

Sigue cantando el Biobío
en nuestra arcilla ensangrentada,
pero tú trajiste del bosque
todos los secretos perfumes
y esa manera de lucir
un perfil de flecha perdida,
una medalla de guerrero.

Tú fuiste mi vencedora
por el amor y por la tierra,
porque tu boca me traía
antepasados manantiales,
citas en bosques de otra edad,
oscuros tambores mojados:
de pronto oí que me llamaban:
era de lejos y de cuando:
me acerqué al antiguo follaje
y besé mi sangre en tu boca,
corazón mío, mi araucana.

Qué puedo dejarte si tienes,
Matilde Urrutia, en tu contacto,
ese aroma de hojas quemadas,
esa fragancia de frutillas
y entre tus dos pechos marinos
el crepúsculo de Cauquenes
y el olor de peumo de Chile?

Es el alto otoño del mar
lleno de niebla y cavidades,
la tierra se extiende y respira.
Se le caen al mes las hojas
y tú inclinada en mi trabajo
con tu pasión y tu paciencia
deletreando las patas verdes,
las telarañas, los insectos
de mi mortal caligrafía.
Oh leona de pies pequeñitos,
qué haría sin tus manos breves,

da cerimonie piovose,
da terre antiche e martiri.

Continua a cantare il Biobío
nella nostra argilla insanguinata,
ma tu recasti dal bosco
tutti i segreti profumi
e quel modo di sfoggiare
un profilo di freccia perduta,
una medaglia di guerriero.

Tu fosti la mia vincitrice
per l'amore e per la terra,
perché la tua bocca mi recava
antepassate sorgenti,
appuntamenti in boschi d'altre età,
oscuri tamburi bagnati:
d'improvviso udii che mi chiamavano:
era da lungi e da quando:
m'avvicinai all'antico fogliame,
baciai il mio sangue sulla tua bocca,
cuor mio, mia araucana.

Che posso lasciarti se hai,
Matilde Urrutia, nel tuo contatto,
quell'aroma di foglie bruciate,
quella fragranza di fragole
e tra i tuoi due seni marini
il crepuscolo di Cauquenes
e l'odore di peumo *del Cile?*

È l'alto autunno del mare
pieno di nebbia e di cavità,
la terra si distende e respira.
Cadono al mese le foglie
e tu china sul mio lavoro
con la tua passione e pazienza
decifrando le zampe verdi,
le ragnatele, gli insetti
della mia mortale calligrafia.
Oh leonessa dai piccoli piedi,
che farei senza le tue piccole mani,

dónde andaría caminando
sin corazón y sin objeto,
en qué lejanos autobuses,
enfermo de fuego o de nieve?
Te debo el otoño marino
con la humedad de las raíces
y la niebla como una uva
y el sol silvestre y elegante:
te debo este cajón callado
en que se pierden los dolores
y sólo suben a la frente
las corolas de la alegría.
Todo te lo debo a ti,
tórtola desencadenada,
mi codorniza copetona,
mi jilguero de las montañas,
mi campesina de Coihueco.
Alguna vez si ya no somos,
si ya no vamos ni venimos,
bajo siete capas de polvo
y los pies secos de la muerte,
estaremos juntos, amor,
extrañamente confundidos.
Nuestras espinas diferentes,
nuestros ojos maleducados,
nuestros pies que no se encontraban
y nuestros besos indelebles,
todo estará por fin reunido,
pero de qué nos servirá
la unidad en un cementerio?

Que no nos separe la vida
y se vaya al diablo la muerte!

SUAVE ES LA BELLA

Suave es la bella como si música y madera,
ágata, telas, trigo, duraznos transparentes,
hubieran erigido la fugitiva estatua.
Hacia la ola dirige su contraria frescura.

dove andrei camminando
senza cuore e senza oggetto,
in che lontani autobus,
malato di fuoco o di neve?
Ti debbo l'autunno marino
con l'umidità delle radici
e la nebbia come un'uva
e il sole silvestre ed elegante:
ti debbo questo cassetto silenzioso
in cui si perdono i dolori
e solo salgono alla fronte
le corolle della gioia.
Io debbo tutto a te,
tortora scatenata,
mia quaglia piumata,
mio cardellino delle montagne,
mia contadina di Coihueco.
Un giorno, se più non siamo,
se più non andiamo né veniamo,
sotto sette strati di polvere
e i piedi secchi della morte,
staremo uniti, amore,
confusi stranamente.
Le nostre spine differenti,
i nostri occhi maleducati,
i nostri piedi che non s'incontravano
e i nostri baci indelebili,
tutto sarà alfine riunito,
ma a che ci servirà
l'unione in un cimitero?

Che non ci separi la vita
e vada al diavolo la morte!

DOLCE È LA BELLA

Dolce è la bella come se musica e legno,
agata, tele, frumento, pesche trasparenti,
avessero eretto la statua fuggitiva.
Verso l'onda dirige la sua contraria freschezza.

El mar moja bruñidos pies copiados
a la forma recién trabajada en la arena
y es ahora su fuego femenino de rosa
una sola burbuja que el sol y el mar combaten.

Ay, que nada te toque sino la sal del frío!
Que ni el amor destruya la primavera intacta.
Hermosa, reverbero de la indeleble espuma,

deja que tus caderas impongan en el agua
una medida nueva de cisne o de nenúfar
y navegue tu estatua por el cristal eterno.

DESDE HACE MUCHO TIEMPO

Desde hace mucho tiempo la tierra te conoce:
eres compacta como el pan o la madera,
eres cuerpo, racimo de segura substancia
tienes peso de acacia, de legumbre dorada.

Sé que existes no sólo porque tus ojos vuelan
y dan luz a las cosas como ventana abierta,
sino porque de barro te hicieron y cocieron
en Chillán, en un horno de adobe estupefacto.

Los seres se derraman como aire o agua o frío
y vagos son, se borran al contacto del tiempo,
como si antes de muertos fueran desmenuzados.

Tú caerás conmigo como piedra en la tumba
y así por nuestro amor que no fue consumido
continuará viviendo con nosotros la tierra.

VIENES DE LA POBREZA

Vienes de la pobreza de las casas del Sur
de las regiones duras con frío y terremoto
que cuando hasta sus dioses rodaron a la muerte
nos dieron la lección de la vida en la greda.

Il mare bagna bruniti piedi copiati
alla forma appena lavorata nell'arena
e ora il suo fuoco femminile di rosa
è una sola bolla che il sole e il mare combattono.

Ahi, che nulla ti tocchi se non il sale del freddo!
Che neppure l'amore distrugga la primavera intatta.
Bella, riverbero dell'indelebile schiuma,

lascia che i tuoi fianchi impongano nell'acqua
una misura nuova di cigno o di ninfea
e navighi la tua statua nel cristallo eterno.

DA MOLTO TEMPO

Da molto tempo la terra ti conosce:
sei compatta come il pane o come il legno,
sei corpo, grappolo di sicura sostanza,
hai peso d'acacia, di legume dorato.

So che esisti non solo perché i tuoi occhi volano
e danno luce alle cose come finestra aperta,
ma perché di fango ti fecero e t'hanno cotta
a Chillán, in un forno di mattoni stupefatto.

Gli esseri si spargono come aria o acqua o freddo
e son vaghi, si cancellano a contatto del tempo,
come se prima che morti fossero sminuzzati.

Tu cadrai con me come pietra nella tomba,
così per il nostro amore che non fu consumato
continuerà a vivere con noi la terra.

VIENI DALLA POVERTÀ

Vieni dalla povertà delle case del Sud
dalle regioni dure col freddo e il terremoto,
che quando persino i loro dèi rotolaron nella morte
ci diedero la lezione della vita nella creta.

Eres un caballito de greda negra, un beso
de barro oscuro, amor, amapola de greda,
paloma del crepúsculo que voló en los caminos,
alcancía con lágrimas de nuestra pobre infancia.

Muchacha, has conservado tu corazón de pobre,
tus pies de pobre acostumbrados a las piedras,
tu boca que no siempre tuvo pan o delicia.

Eres del pobre Sur, de donde viene mi alma:
en su cielo tu madre sigue lavando ropa
con mi madre. Por eso te escogí, compañera.

MATILDE, DÓNDE ESTÁS?

Matilde, dónde estás? Noté, hacia abajo,
entre corbata y corazón, arriba,
cierta melancolía intercostal:
era que tú de pronto eras ausente.

Me hizo falta la luz de tu energía
y miré devorando la esperanza,
miré el vacío que es sin ti una casa,
no quedan sino trágicas ventanas.

De puro taciturno el techo escucha
caer antiguas lluvias deshojadas,
plumas, lo que la noche aprisionó:

y así te espero como casa sola
y volverás a verme y habitarme.
De otro modo me duelen las ventanas.

TAL VEZ NO SER ES SER

Tal vez no ser es ser, sin que tú seas,
sin que vayas cortando el mediodía
como una flor azul, sin que camines
más tarde por la niebla y los ladrillos,

Sei un cavallino di creta nera, un bacio
di fango oscuro, amore, papavero di creta,
colomba del crepuscolo che volò nelle strade,
salvadanaio con lacrime della nostra povera infanzia.

Ragazza, hai conservato il tuo cuore di povera,
i tuoi piedi di povera abituati alle pietre,
la tua bocca che non sempre ebbe pane o delizia.

Sei del povero Sud, di dove viene la mia anima:
nel suo cielo tua madre continua a lavar biancheria
con mia madre. Per questo ti scelsi, compagna.

MATILDE, DOVE SEI?

Matilde, dove sei? Notai, verso il basso,
tra cravatta e cuore, in alto,
certa malinconia intercostale:
era che d'improvviso eri assente.

M'abbisognò la luce della tua energia
e guardai divorando la speranza,
guardai com'è vuota senza te una casa,
non restano che tragiche finestre.

Tanto è taciturno il tetto ascolta
cadere antiche piogge sfogliate,
penne, ciò che la notte imprigionò:

così ti attendo come casa sola,
e tornerai a vedermi e ad abitarmi.
Altrimenti mi dolgon le finestre.

FORSE NON ESSERE È ESSERE

Forse non essere è essere senza che tu sia,
senza che tu vada tagliando il mezzogiorno
come un fiore azzurro, senza che tu cammini
piú tardi per la nebbia e i mattoni,

sin esa luz que llevas en la mano
que tal vez otros no verán dorada,
que tal vez nadie supo que crecía
como el origen rojo de la rosa,

sin que seas, en fin, sin que vinieras
brusca, incitante, a conocer mi vida,
ráfaga de rosal, trigo del viento,

y desde entonces soy porque tú eres,
y desde entonces eres, soy y somos,
y por amor seré, serás, seremos.

TAL VEZ HERIDO VOY

Tal vez herido voy sin ir sangriento
por uno de los rayos de tu vida
y a media selva me detiene el agua:
la lluvia que se cae con su cielo.

Entonces toco el corazón llovido:
allí sé que tus ojos penetraron
por la región extensa de mi duelo
y un susurro de sombra surge solo:

Quién es? Quién es? Pero no tuvo nombre
la hoja o el agua oscura que palpita
a media selva, sorda, en el camino,

y así, amor mío, supe que fui herido
y nadie hablaba allí sino la sombra,
la noche errante, el beso de la lluvia.

DE VIAJES Y DOLORES

De viajes y dolores yo regresé, amor mío,
a tu voz, a tu mano volando en la guitarra,
al fuego que interrumpe con besos el otoño,
a la circulación de la noche en el cielo.

senza quella luce che tu rechi in mano
che forse altri non vedran dorata,
che forse nessun seppe che cresceva
come l'origine rossa della rosa,

senza che tu sia, infine, senza che venissi
brusca, eccitante, a conoscer la mia vita,
raffica di roseto, frumento del vento,

e da allora sono perché tu sei,
e da allora sei, sono e siamo,
e per amore sarò, sarai, saremo.

FORSE SONO FERITO

Forse sono ferito senz'essere insanguinato
da uno dei fulmini della tua vita
e a mezza selva mi trattiene l'acqua:
la pioggia che cade col suo cielo.

Allora tocco il cuore bagnato di pioggia:
lì so che i tuoi occhi penetrarono
nella regione estesa del mio dolore
e un sussurro d'ombra sorge solo:

Chi è? Chi è? Ma non ebbe nome
la foglia o l'acqua oscura che palpita
a mezza selva, sorda, per la strada,

così, amor mio, seppi che fui ferito
e lì nessuno parlava, altro che l'ombra,
la notte errante, il bacio della pioggia.

DA VIAGGI E DA DOLORI

Da viaggi e da dolori ritornai, amor mio,
alla tua voce, alla tua mano che vola nella chitarra,
al fuoco che interrompe con baci l'autunno,
alla circolazione della notte nel cielo.

Para todos los hombres pido pan y reinado,
pido tierra para el labrador sin ventura,
que nadie espere tregua de mi sangre o mi canto.
Pero a tu amor no puedo renunciar sin morirme.

Por eso toca el vals de la serena luna,
la barcarola en el agua de la guitarra
hasta que se doblegue mi cabeza soñando:

que todos lo desvelos de mi vida tejieron
esta enramada en donde tu mano vive y vuela
custodiando la noche del viajero dormido.

QUIÉNES SE AMARON COMO NOSOTROS?

Quiénes se amaron como nosotros? Busquemos
las antiguas cenizas del corazón quemado
y allí que caigan uno por uno nuestros besos
hasta que resucite la flor deshabitada.

Amemos el amor que consumió su fruto
y descendió a la tierra con rostro y poderío:
tú y yo somos la luz que continúa,
su inquebrantable espiga delicada.

Al amor sepultado por tanto tiempo frío,
por nieve y primavera, por olvido y otoño,
acerquemos la luz de una nueva manzana,

de la frescura abierta por una nueva herida,
como el amor antiguo que camina en silencio
por una eternidad de bocas enterradas.

NO TE QUIERO

No te quiero sino porque te quiero
y de quererte a no quererte llego
y de esperarte cuando no te espero
pasa mi corazón del frío al fuego.

Per tutti gli uomini chiedo pane e regno,
chiedo terra per il contadino senza fortuna,
che nessuno speri tregua dal mio sangue o dal mio canto.
Ma al tuo amore non posso rinunciare senza morire.

Per questo suona il valzer della serena luna,
la barcarola nell'acqua della chitarra
finché si pieghi la mia testa sognando:

che tutte le insonnie della mia vita intrecciarono
questa pergola dove la tua mano vive e vola
custodendo la notte del viandante addormentato.

CHI S'AMÒ COME NOI?

Chi s'amò come noi? Cerchiamo
le antiche ceneri del cuore bruciato
e lì cadano a uno a uno i nostri baci
finché risusciti il fiore disabitato.

Amiamo l'amore che consumò il suo frutto
e discese nella terra con volto e potere:
tu e io siamo la luce che continua,
la sua infrangibile spiga delicata.

All'amore sepolto da tanto tempo freddo,
da neve e primavera, da oblio e autunno,
avviciniamo la luce d'una nuova mela,

della freschezza aperta da una nuova ferita,
come l'amore antico che cammina in silenzio
per un'eternità di bocche sotterrate.

NON T'AMO

Non t'amo se non perché t'amo
e dall'amarti a non amarti giungo
e dall'attenderti quando non t'attendo
passa dal freddo al fuoco il mio cuore.

Te quiero sólo porque a ti te quiero,
te odio sin fin, y odiándote te ruego,
y la medida de mi amor viajero
es no verte y amarte como un ciego.

Tal vez consumirá la luz de enero,
su rayo cruel, mi corazón entero,
robándome la llave del sosiego.

En esta historia sólo yo me muero
y moriré de amor porque te quiero,
porque te quiero, amor, a sangre y fuego.

AMORES: TERUSA (I)

Y cómo, en dónde yace
aquel
antiguo amor?
Es ahora
una tumba de pájaro, una gota
de cuarzo negro,
un trozo
de madera roída por la lluvia?

Y de aquel cuerpo que como la luna
relucía en la oscura primavera
del Sur,
qué quedará?
La mano
que sostuvo
toda la transparencia y el rumor
del río sosegado,
los ojos en el bosque,
anchos, petrificados
como los minerales de la noche,
los pies
de la muchacha de mis sueños,
pies de espiga, de trigo, de cereza,

Ti amo solo perché io ti amo,
senza fine io t'odio, e odiandoti ti prego,
e la misura del mio amor viandante
è non vederti e amarti come un cieco.

Forse consumerà la luce di gennaio,
il raggio crudo, il mio cuore puro,
rubandomi la chiave della calma.

In questa storia solo io muoio
e morirò d'amore perché t'amo,
perché t'amo, amore, a sangue e fuoco.

AMORI: TERUSA (I)

E come, dove sta
l'antico
amore?
Ora
è una tomba d'uccello, una goccia
di quarzo nero,
un pezzo
di legno roso dalla pioggia?

E di quel corpo che come la luna
splendeva nell'oscura primavera
del Sud,
che rimarrà?
La mano
che sostenne
tutta la trasparenza e il rumore
del fiume calmo,
gli occhi nel bosco,
grandi, pietrificati
come i minerali della notte,
i piedi
della ragazza dei miei sogni,
piedi di spiga, di grano, di ciliegia,

adelantados, ágiles, volantes,
entre mi infancia pálida y el mundo?

Dónde está el amor muerto?
El amor, el amor,
dónde se va a morir?
A los graneros
remotos,
al pie de los rosales que murieron
bajo los siete pies de la ceniza
de aquellas casas pobres
que se llevó un incendio de la aldea?

Oh amor
de la primera luz del alba,
del mediodía acérrimo
y sus lanzas,
amor con todo el cielo
gota a gota
cuando la noche cruza
por el mundo
en su total navío,
oh amor
de soledad
adolescente,
oh gran violeta
derramada
con aroma y rocío
y estrellada frescura
sobre el rostro:
aquellos besos
que
trepaban
por la piel, enramándose y mordiendo,
desde los puros cuerpos extendidos
hasta la piedra azul de la nave nocturna.

Terusa de ojos anchos,
a la luna
o al sol de invierno, cuando
las provincias

frapposti, agili, aerei,
tra la mia pallida infanzia e il mondo?

Dov'è l'amore morto?
L'amore, l'amore,
dove morirà?
Nei granai
remoti,
ai piedi dei roseti che son morti
sotto i sette piedi della cenere
di quelle misere case
che un incendio ha distrutto nel villaggio?

Oh amore
della prima luce dell'alba,
del mezzogiorno asperrimo
e delle sue lance,
amore con tutto il cielo
goccia a goccia
quando la notte passa
per il mondo
nel suo totale naviglio,
oh amore
di solitudine
adolescente,
oh grande viola
sparsa
con aroma e rugiada
e infranta freschezza
sopra il volto:
i baci
che
s'arrampicavano
su per la pelle, ramificandosi e mordendo,
dai puri corpi distesi
fino alla pietra azzurra della nave notturna.

Terusa d'occhi ampi,
alla luna
o al sole d'inverno, quando
le provincie

reciben el dolor, la alevosía
del olvido inmenso
y tú brillas, Terusa,
como el cristal quemado
del topacio,
como la quemadura
del clavel,
como el metal que estalla en el relámpago
y transmigra a los labios de la noche.

Terusa
abierta entre las amapolas,
centella
negra
del primer dolor,
estrella entre los peces,
a la luz
de la pura corriente genital,
ave morada del primer abismo,
sin alcoba, en el reino
del corazón visible
cuya miel inauguran los almendros,
el polen incendiario
de la retama agreste,
el toronjil de tentativas verdes,
la patria de los misteriosos musgos.

Sonaban las campanas de Cautín,
todos los pétalos pedían algo,
no renunciaba a nada la tierra,
el agua parpadeaba
sin cesar:
quería abrir el verano,
darle al fin una herida,
se despeñaba en furia
el río que venía de los Andes,
se convertía en una estrella dura
que clavaba la selva,
la orilla,
los peñascos:
allí no habita nadie:

ricevono il dolore, il tradimento
dell'oblio immenso
e tu brilli, Terusa,
come il cristallo bruciato
del topazio,
come la bruciatura
del garofano,
come il metallo che scoppia nel lampo
ed emigra alle labbra della notte.

Terusa
aperta tra i papaveri,
scintilla
nera
del primo dolore,
stella tra i pesci,
alla luce
della pura corrente genitale,
uccello violetto del primo abisso,
senza alcova, nel regno
del cuore visibile
il cui miele inaugurano i mandorli,
il polline incendiario
della ginestra agreste,
la cedronella dai tentativi verdi,
la patria dei muschi misteriosi.

Suonavano le campane di Cautín,
tutti i petali chiedevano qualcosa,
non rinunciava a nulla la terra,
l'acqua ammiccava
senza sosta:
voleva aprire l'estate,
dargli alfine una ferita,
precipitava in furia
il fiume che veniva dalle Ande,
si trasformava in una stella dura
che inchiodava la selva,
la riva,
le rocce:
lì non abita nessuno:

sólo el agua y la tierra
y los trenes que aullaban,
los trenes del invierno
en sus ocupaciones
atravesando el mapa
solitario:
reino mío,
reino de las raíces
con fulgor de menta,
cabellera de helechos,
pubis mojado,
reino de mi perdida pequeñez
cuando yo vi nacer la tierra
y yo formaba parte
de la mojada
integridad
terrestre:
lámpara entre los gérmenes y el agua,
en el nacimiento del trigo,
patria de las maderas
que morían
aullando en el aullido
de los aserraderos:
el humo, alma balsámica
del salvaje
crepúsculo,
atado
como un peligroso prisionero
a las regiones de la selva,
a Loncoche,
a Quitratúe,
a los embarcaderos de Maullín,
y yo naciendo
con tu amor,
Terusa,
con tu amor deshojado
sobre mi piel sedienta
como
si las cascadas
del azahar, del ámbar, de la harina,
hubieran trasgredido mi substancia

solo l'acqua e la terra
e i treni che ululavano,
i treni dell'inverno
nelle loro occupazioni
attraversando la geografia
solitaria:
regno mio,
regno delle radici
con fulgore di menta,
capigliatura di felci,
pube bagnato,
regno della mia perduta piccolezza
quando vidi nascere la terra
e io facevo parte
della bagnata
integrità
terrestre:
lampada tra i germogli e l'acqua,
nella nascita del grano,
patria dei legni
che morivano
ululando nell'ululato
delle segherie:
il fumo, anima balsamica
del crepuscolo
selvaggio,
legato
come un pericoloso prigioniero
alle regioni della selva,
a Loncoche,
a Quitratúe,
agli imbarcaderi di Maullín,
e io nascevo
col tuo amore,
Terusa,
col tuo amore che si sfogliava
sulla mia pelle assetata
come
se le cascate
della zagara, dell'ambra, della farina,
avessero penetrato la mia sostanza

y yo desde esa hora te llevara,
Terusa,
inextinguible
aún en el olvido,
a través
de las edades oxidadas,
aroma
señalado,
profunda madreselva o canto
o sueño
o luna que amasaron los jazmines
o amanecer del trébol junto al agua
o amplitud de la tierra con sus ríos
o demencia de flores o tristeza
o signo del imán o voluntad
del mar radiante y su baile infinito.

AMORES: TERUSA (II)

Llegan los 4 números del año.
Son como 4 pájaros felices.
Se sientan en un hilo
contra el tiempo desnudo.
Pero, ahora
no cantan.
Devoraron el trigo, combatieron
aquella primavera
y corola a corola no quedó
sino este largo espacio.

Ahora que tú llegas de visita,
antigua amiga, amor, niña invisible,
te ruego que te sientes
otra vez
en la hierba.

Ahora me parece
que cambió tu cabeza.

e da quell'ora ti recassi in me,
Terusa,
inestinguibile
anche nell'oblio,
attraverso
le età ossidate,
aroma
straordinario,
profonda madreselva o canto
o sogno
o luna che impastarono i gelsomini
o albeggiare del trifoglio presso l'acqua
o ampiezza della terra coi suoi fiumi
o demenza di fiori o tristezza
o segno della calamità o volontà
del mare radiante e della sua danza infinita.

AMORI: TERUSA (II)

Giungono i 4 numeri dell'anno.
Son come 4 uccelli felici.
Si siedono su un filo
contro il tempo nudo.
Ma, ora
non cantano.
Han divorato il frumento, han combattuto
quella primavera
e corolla a corolla è rimasto
solo questo lungo spazio.

Ora che tu vieni in visita,
antica amica, amore, bimba invisibile,
ti prego di sederti
di nuovo
sull'erba.

Ora mi sembra
che la tua testa sia cambiata.

Por qué
para venir
cubriste con ceniza
la cabellera de carbón valiente
que desplegué en mis manos, en el frío
de las estrellas de Temuco?

En dónde están tus ojos?
Por qué te has puesto esta mirada estrecha
para mirarme si yo soy el mismo?
Dónde dejaste tu cuerpo de oro?
Qué pasó con tus manos entreabiertas
y su fosforescencia de jazmín?
Entra en mi casa, mira el mar conmigo.
Una a una las olas
gastaron
nuestras vidas
y se rompía no sólo la espuma,
sino que las cerezas,
los pies,
los labios
de la edad cristalina.

Adiós, ahora te ruego
que regreses
a tu silla de ámbar
en la luna,
vuelve a la madreselva del balcón,
regresa
a la imagen ardiente,
acomoda tus ojos
a los ojos
aquellos,
lentamente dirígete
al retrato
radiante,
entra en él
hasta el fondo,
en su sonrisa,
y mírame
con su inmovilidad, hasta que yo

Perché
per venire
hai coperto di cenere
la chioma di carbone vigoroso
che ho spiegato tra le mie mani, nel freddo
delle stelle di Temuco?

I tuoi occhi dove sono?
Perché ti sei messa questo sguardo stretto
per vedere se sono lo stesso?
Dove hai lasciato il tuo corpo d'oro?
Che accadde alle tue mani socchiuse
e alla loro fosforescenza di gelsomino?
Entra nella mia casa, guarda con me il mare.
A una a una le onde
hanno sciupato
le nostre vite
e non solo la schiuma si rompeva,
ma le ciliegie,
i piedi,
le labbra
dell'età cristallina.

Addio, ora ti prego
di tornare
alla tua sedia d'ambra
nella luna,
torna alla madreselva del balcone,
torna
all'immagine ardente,
aggiusta i tuoi occhi
a quegli
occhi,
lentamente dirigiti
al ritratto
radiante,
entra in esso
fino al fondo,
nel suo sorriso,
e guardami
con la sua immobilità, finché io

vuelva a verte
desde aquel,
desde entonces,
desde el que fui en tu corazón florido.

AMORES: ROSAURA (I)

Rosaura de la rosa, de la hora
diurna, erguida
en la hora resbalante
del crepúsculo pobre, en la ciudad,
cuando brillan las tiendas
y el corazón se ahoga
en su propia región inexplorada
como el viajero perdido,
tarde, en la soledad de los pantanos.

Como un pantano es el amor:
entre número y número
de calle,
allí caímos,
nos atrapó el placer profundo,
se pega el cuerpo al cuerpo,
el pelo al pelo,
la boca al beso,
y en el paroxismo
se sacia la ola hambrienta
y se recogen
las láminas del légamo.

Oh amor de cuerpo a cuerpo,
sin palabras,
y la harina mojada que entrelaza
el frenesí le das palpitaciones,
el ronco ayer del hombre y la mujer,
un golpe en el rosal,
una oscura corola sacudida
vuelca las plumas de la oscuridad,
un circuito fosfórico,
te abrazo,

tornerò a vederti
da quello,
da allora,
da colui che fui nel tuo cuore fiorito.

AMORI: ROSAURA (I)

Rosaura della rosa, dell'ora
diurna, eretta
nell'ora scivolante
del crepuscolo povero, nella città,
quando brillano i negozi
e il cuore affoga
nella sua stessa regione inesplorata
come il viandante sperduto,
tardi, nella solitudine degli stagni.

Come uno stagno è l'amore:
tra numero e numero
di strada,
lì cademmo,
ci catturò l'amore profondo,
il corpo s'appiccica al corpo,
i capelli ai capelli,
la bocca al bacio,
e nel parossismo
l'onda affamata si sazia
e si raccolgono
le lamine del fango.

Oh amore di corpo a corpo,
senza parole,
e la farina bagnata che allaccia
la frenesia dei palpiti,
il roco ieri dell'uomo e della donna,
un colpo nel roseto,
un'oscura corolla scossa
rovescia le penne dell'oscurità,
un circuito fosforico,
ti abbraccio,

te condeno,
te muero,
y se aleja el navío del navío
haciendo las últimas señales
en el sueño del mar,
de la marea
que vuelve a su planeta intransigente,
a su preocupación, a la limpieza:
queda la cama
en medio
de la hora infiel,
crepúsculo, azucena vespertina:
ya partieron los náufragos:
allí quedaron las sábanas rotas,
la embarcación
herida,
vamos mirando el Río Mapocho:
corre por él mi vida.

Rosaura de mi brazo
va su vida en el agua,
el tiempo,
los tajamares de mampostería,
los puentes donde acuden
todos los pies cansados:
se va la ciudad por el río,
la luz por la corriente,
el corazón de barro
corre corre
corre amor por el tiempo
1923, uno
nueve
dos tres
son números
cada uno en el agua
que corría
de noche
en la sangre del río,
en el barro nocturno,
en las semanas
que cayeron al río

ti condanno,
ti faccio morire,
e s'allontana il naviglio dal naviglio
facendo gli ultimi segnali
nel sonno del mare,
della marea
che torna al suo pianeta intransigente,
alla preoccupazione, alla nettezza:
il letto resta
in mezzo
all'ora infedele,
crepuscolo, giglio vespertino:
ormai i naufraghi sono partiti:
lì son rimaste le lenzuola rotte,
l'imbarcazione
ferita,
andiamo guardando il Río Mapocho:
per esso corre la mia vita.

Rosaura al mio braccio
va la sua vita nell'acqua,
il tempo,
i frangiflutti in muratura,
i ponti dove accorrono
tutti i piedi stanchi:
se ne va la città lungo il fiume,
la luce lungo la corrente,
il cuore di fango
corre corre
corre amore lungo il tempo
1923, uno
nove
due tre
son numeri
ognuno nell'acqua
che correva
di notte
nel sangue del fiume,
nel fango notturno,
nelle settimane
che caddero nel fiume

de la ciudad, cuando yo recogí
tus manos pálidas:
Rosaura,
las habías olvidado
de tanto que volaban
en el humo:
allí se te olvidaron
en la esquina
de la calle Sazié, o en la plazuela
de Padura, en la picante rosa
del conventillo que nos compartía.

El minúsculo patio
guardó los excrementos
de los gatos errantes
y era una paz de bronce
la que surgía
entre los dos desnudos:
la calma dura de los arrabales:
entre los párpados
nos caía el silencio
como un licor oscuro:
no dormíamos:
nos preparábamos para el amor:
habíamos gastado
el pavimento,
la fatiga,
el deseo,
y allí por fin estábamos
sueltos, sin ropa, sin ir y venir,
y nuestra misión
era
derramarnos,
como si nos llenara demasiado
un silencioso líquido,
un pesado
ácido
devorante,
una substancia
que llenaba el perfil de tus caderas,
la sutileza pura de tu boca.

della città, quando io raccolsi
le tue mani pallide:
Rosaura,
le avevi dimenticate
tanto volavano
nel fumo:
lì le dimenticasti
all'angolo
della via Sazié, o nella piazzetta
di Padura, nella pungente rosa
della pensione che dividevamo.

Il minuscolo cortile
conservò gli escrementi
dei gatti erranti
ed era una pace di bronzo
quella che sorgeva
fra noi due nudi:
la calma dura dei sobborghi:
tra le palpebre
ci cadeva il silenzio
come un liquore oscuro:
non si dormiva:
ci preparavamo all'amore:
avevamo sciupato
il pavimento,
la fatica,
il desiderio,
e lì alla fine eravamo
liberi, senza vestiti, senza andare e venire,
e la nostra missione
era
versarci,
come se troppo ci empisse
un liquido silenzioso,
un pesante
acido
divoratore,
una sostanza
che empiva il profilo dei tuoi fianchi,
la pura finezza della tua bocca.

Rosaura,
pasajera
color de agua,
hija de Curicó, donde fallece el día
abrumado
por el peso y la nieve
de la gran cordillera:
tú eras hija
del frío
y antes de consumirte
en los adobes
de muros aplastantes
viniste a mí, a llorar o a nacer,
a quemarte en mi triste poderío
y tal vez no hubo más
fuego en tu vida,
tal vez no fuiste sino entonces.

Encendimos y apagamos el mundo,
tú te quedaste a oscuras:
yo seguí caminando los caminos
rompiéndome las manos y los ojos,
dejé atrás el crepúsculo,
corté las amapolas vespertinas:
pasó un día que con su noche
procrearon
una nueva semana
y un año se durmió con otro año:
gota a gota
creció el tiempo,
hoja a hoja
el árbol transparente:
la ciudad polvorienta
cambió del agua al oro,
la guerra quemó pájaros y niños
en la Europa agobiada,
de Atacama el desierto
caminó con arena,
fuego y sal,
matando las raíces,
giraron en sus ácidos azules

Rosaura,
passeggera
color d'acqua,
figlia di Curicó, dove muore il giorno
oppresso
dal peso e dalla neve
della gran cordigliera:
tu sei figlia
del freddo
e prima di consumarti
tra le pareti
di mura opprimenti
venisti a me, a piangere o a nascere,
a bruciarti nel mio triste potere
e forse non vi fu altro
fuoco nella tua vita,
forse non esistesti che allora.

Accendemmo e spegnemmo il mondo,
tu rimanesti all'oscuro:
io continuai per le strade
rompendomi le mani e gli occhi,
lasciai indietro il crepuscolo,
tagliai i papaveri vespertini:
passò un giorno che con la sua notte
procrearono
una nuova settimana
e un anno s'addormentò con altro anno:
goccia a goccia
crebbe il tempo,
foglia a foglia
l'albero trasparente:
la città polverosa
cambiò dall'acqua all'oro,
la guerra bruciò uccelli e bambini
nell'Europa oppressa,
il deserto di Atacama
camminò con la sabbia,
col fuoco e col sale,
uccidendo le radici,
girarono con i loro acidi azzurri

los pálidos planetas,
tocó la luna un hombre,
cambió el pintor
y no pintó los rostros,
sino los signos y las cicatrices,
y tú qué hacías,
sin el agujero
del dolor y el amor?
Y yo qué hacía
entre las hojas de la tierra?

Rosaura, otoño, lejos,
luna de miel delgada,
campana taciturna:
entre nosotros dos el mismo río,
el Mapocho que huye
royendo las paredes y las casas,
invitando al olvido
como el tiempo.

AMORES: ROSAURA (II)

Nos dio el amor la única importancia.
La virtud física, el latido
que nace y se propaga,
la continuidad
del cuerpo
con la dicha,
y esa fracción de muerte
que nos iluminó hasta oscurecernos.

Para mí, para ti,
se abrió aquel goce
como la única
rosa
en los sordos arrabales,
en plena juventud raída,
cuando ya todo conspiró
para irnos matando poco a poco
porque entre instituciones orinadas

i pallidi pianeti,
toccò la luna un uomo,
cambiò il pittore
e non dipinse i volti,
ma i segni e le cicatrici,
e tu cosa facevi
senza il buco
del dolore e dell'amore?
E io che facevo
tra le foglie della terra?

Rosaura, autunno, lontano,
luna di miele sottile,
campana taciturna:
tra noi due lo stesso fiume,
il Mapocho che fugge
rodendo le pareti e le case,
invitando all'oblio
come il tempo.

AMORI: ROSAURA (II)

L'amore ci diede l'unica importanza.
La virtù fisica, il palpito
che nasce e si diffonde,
la continuità
del corpo
con la gioia,
e quella frazione di morte
che ci illuminò fino ad oscurarci.

Per me, per te,
s'aprì quel godimento
come l'unica
rosa
nei sobborghi sordi,
in piena gioventù consunta,
quando ormai tutto cospirò
per andarci uccidendo poco a poco,
perché tra istituzioni arrugginite

por la prostitución y los engaños
no sabías qué hacer:
éramos el amor atolondrado
y la debilidad de la pureza:
todo estaba gastado por el humo,
por el gas negro,
por la enemistad
de los palacios y de los tranvías.
Un siglo entero deshojaba
su esplendor muerto,
su follaje
de cabezas degolladas,
goterones de sangre
caen de las cornisas,
no es la lluvia, no sirven
los paraguas,
se moría el tiempo
y ninguna y ninguno
se encontraron
cuando ya desde el trono los reinantes
habían decretado
la ley letal del hambre
y había que morir,
todo el mundo tenía que morir,
era una obligación,
un compromiso,
estaba escrito así:
entonces encontramos
en la rosa física
el fuego palpitante
y nos usamos
hasta el dolor:
hiriéndonos
vivíamos:
allí se confrontó la vida
con su esencia compacta:
el hombre, la mujer
y la invención del fuego.

Nos escapamos de la maldición
que pesaba

dalla prostituzione e dagli inganni
non sapevi che fare:
eravamo l'amore stordito
la fragilità della purezza:
tutto era sciupato dal fumo,
dal gran gas nero,
dall'inimicizia
dei palazzi e dei tram.
Un secolo intero sfogliava
il suo splendore morto,
il suo fogliame
di teste decapitate,
goccioloni di sangue
cadono dai cornicioni,
non è la pioggia, non servono
gli ombrelli,
il tempo moriva
e nessuna e nessuno
si trovò
quando ormai dal trono i regnanti
avevano decretato
la legge letale della fame
e bisognava morire,
tutti dovevano morire,
era un dovere,
un impegno,
cosí era scritto:
allora trovammo
nella rosa fisica
il fuoco palpitante
e godemmo di noi
fino al dolore:
ferendoci
vivevamo:
lì si confrontò la vita
con la sua essenza compatta:
l'uomo, la donna
e l'invenzione del fuoco.

Sfuggimmo alla maledizione
che pesava

sobre el vacío, sobre la ciudad,
amor contra exterminio
y la verdad
robada
otra vez floreciendo,
mientras en la gran cruz
clavaban el amor,
lo prohibían,
nadie yo, nadie tú,
nadie nosotros
nos defendimos brasa a brasa,
beso a beso.

Salen hojas recientes,
se pintan de azul las puertas,
hay una nube náyade,
suena un violín bajo el agua:
es así en todas partes:
es el amor victorioso.

AMORES: JOSIE BLISS (I)

Qué fue de la furiosa?
Fue la guerra
quemando
la ciudad dorada
la que la sumergió sin que jamás
ni la amenaza escrita,
ni la blasfemia eléctrica salieran
otra vez a buscarme, a perseguirme
como hace tantos días, allá lejos.
Como hace tantas horas
que una por una hicieron
el tiempo y el olvido
hasta por fin tal vez llamarse muerte,
muerte, mala palabra, tierra negra
en la que Josie Bliss
descansará iracunda.

sul vuoto, sulla città,
amore contro sterminio
e la verità
rubata
di nuovo rifioriva,
mentre sulla gran croce
inchiodavano l'amore,
lo proibivano,
nessuno io, nessuno tu,
nessuno noi
ci difendemmo bragia a bragia,
bacio a bacio.

Spuntano foglie nuove,
si dipingono d'azzurro le porte,
c'è una nube naiade;
suona un violino sotto l'acqua:
è cosí in ogni parte:
è l'amore vittorioso.

AMORI: JOSIE BLISS (I)

Che ne fu della furiosa?
La guerra
andò bruciando
la città dorata
che la sommerse senza che mai più
né la minaccia scritta,
né la bestemmia elettrica uscissero
un'altra volta a cercarmi, a perseguitarmi
come tanti giorni fa, laggiù.
Come tante ore fa
che una a una fecero
il tempo e l'oblio
fino a chiamarsi, infine, forse, morte,
morte, brutta parola, terra nera
in cui Josie Bliss
riposerà irata.

Contaría agregando
a mis años ausentes
arruga tras arruga, que en su rostro
tal vez cayeron por dolores míos:
porque a través del mundo me esperaba.
Yo no llegué jamás, pero en las copas
vacías,
en el comedor muerto
tal vez se consumía mi silencio,
mis más lejanos pasos,
y ella tal vez hasta morir me vio
como detrás del agua,
como si yo nadara hecho de vidrio,
de torpes movimientos,
y no pudiera asirme
y me perdiera
cada día, en la pálida laguna
donde quedó prendida su mirada.
Hasta que ya cerró los ojos
cuándo?
Hasta que tiempo y muerte la cubrieron
cuándo?
Hasta que odio y amor se la llevaron
dónde?
Hasta que ya la que me amó con furia,
con sangre, con venganza,
con jazmines,
no pudo continuar hablando sola,
mirando la laguna de mi ausencia.

Ahora tal vez
reposa y no reposa
en el gran cementerio de Rangoon.
O tal vez a la orilla
del Irrawadhy quemaron su cuerpo
toda una tarde, mientras
el río murmuraba
lo que llorando yo le hubiera dicho.

Avrà contato aggiungendo
ai miei anni assenti
ruga a ruga, che sul suo volto
forse caddero per dolori miei:
perché attraverso il mondo m'attendeva.
Io non giunsi mai pù, ma nelle coppe
vuote,
nella sala da pranzo morta
forse si consumava il mio silenzio,
i miei passi più lontani,
e lei forse finché morì mi vide
come dietro l'acqua,
come se io nuotassi fatto di vetro,
di movimenti impacciati,
e non potesse afferrarmi
e mi perdesse
ogni giorno, nella pallida laguna
dove restò fisso il suo sguardo.
Finché ormai chiuse gli occhi
quando?
Finché tempo e morte la coprirono
quando?
Finché odio e amore se la portarono
dove?
Finché ormai colei che mi amò con furia,
con sangue, con vendetta,
con gelsomini,
non poté continuare a parlar sola,
guardando la laguna della mia assenza.

Ora forse
riposa e non riposa
nel grande cimitero di Rangoon.
O forse sulla riva
dell'Irrawadhy bruciarono il suo corpo
tutta una sera, mentre
il fiume mormorava
ciò che piangendo io le avrei detto.

AMORES: JOSIE BLISS (II)

Sí, para aquellos días
vana es la rosa: nada
creció
sino una lengua roja:
el fuego que bajaba
del verano insepulto,
el sol de siempre.

Yo me fugué de la deshabitada.

Huí como inasible marinero,
ascendí por el Golfo de Bengala
hasta las casas sucias de la orilla
y me perdí
de corazón y sombra.

Pero no bastó el mar inapelable:
Josie Bliss me alcanzó revolviendo
mi amor y su martirio.

Lanzas de ayer, espadas del pasado!
– Soy culpable, le dije
a la luciérnaga.

Y me envolvió la noche.

Quise decir que yo también
sufrí:
no es bastante:
el que hiere es herido hasta morir.

Y ésta es la historia, se escribió en la arena,
en el advenimiento de la sombra.

No es verdad! No es verdad!

También era la hora
de los dioses,

AMORI: JOSIE BLISS (II)

Sì, per quei giorni
vana è la rosa: nulla
crebbe
se non una lingua rossa:
il fuoco che scendeva
dall'estate insepolto,
il sole di sempre.

Io scappai dalla disabitata.

Fuggii come inafferrabile marinaio,
salii su per il Golfo del Bengala
fino alle case sporche della riva
e mi persi
di cuore e d'ombra.

Ma non bastò il mare inappellabile:
Josie Bliss mi raggiunse sconvolgendo
il mio amore e il suo martirio.

Lance di ieri, spade del passato!
– Son colpevole, dissi
alla lucciola.

E m'avvolse la notte.

Volli dire che anch'io
soffrii:
non basta:
chi ferisce è ferito fino a morire.

Questa è la storia: fu scritta sulla sabbia,
nell'avvento dell'ombra.

Non è vero! Non è vero!

Era anche l'ora
degli dèi,

de mazapán, de luna,
de hierro, de rocío,
dioses sangrientos cuya derramada
demencia
llenaba como el humo
las cúpulas del reino,
sí,
existía el aire
espeso, el fulgo
de los desnudos,
ay,
el olor de nardo que cerraba
mi razón con el peso del aroma
como si me encerraran en un pozo
de donde no salí para gritar,
sino para ahogarme.

Ay de mí, aquellos muros
que royeron
la humedad y el calor hasta dejarlos
como la piel partida del lagarto,
sí,
sí,
todo esto y más: la muchedumbre
abierta
por la violencia de un turbante, por
aquellos paroxismos de turquesa
de las mujeres que se desgranaban
ardiendo entre sotanas de azafrán.

Otras veces la lluvia
cayó sobre la tímida comarca:
cayó tan lenta como las medusas
sobre niños, mercados y pagodas:
era otra lluvia,
el cielo fijo
clavado como un grave vidrio opaco
a una ventana muerta
y esperábamos,
los pobres y los ricos,
los dioses,

di marzapane, di luna,
di ferro, di rugiada,
dèi sanguinari la cui sparsa
demenza
empiva come fumo
le cupole del regno,
sì,
esisteva l'aria
densa, il fulgore
degli ignudi,
ahi,
l'odor di nardo che chiudeva
la mia ragione col peso dell'aroma
come se mi chiudessero in un pozzo
da dove non uscii per gridare,
ma per soffocare.

Ahimè, quei muri
che rosero
l'umidità e il calore fino a lasciarli
come la pelle spaccata del coccodrillo,
sì,
sì,
tutto questo e ancor più: la moltitudine
aperta
dalla violenza di un turbante, da
quei parossismi di turchese
delle donne che si sgranavano
ardendo tra sottane di zafferano.

Altre volte la pioggia
cadde sopra la timida regione:
cadde lenta come le meduse
su bimbi, mercati e pagode:
era altra pioggia,
il cielo fisso
inchiodato come un grave vetro opaco
a una finestra morta
e attendevamo,
poveri e ricchi,
dèi,

los sacerdotes y los usureros,
los cazadores de iguanas,
los tigres que bajaban
de Assam,
hambrientos y pletóricos
de sangre:
todos
esperábamos:
sudaba el cielo del Este,
se cerraba la tierra:
no pasaba nada,
tal vez adentro
de aquellos dioses
germinaba y nacía
una vez más
el tiempo:
se ordenaba el destino:
parían los planetas.
Pero el silencio sólo recogía
plumas mojadas,
lento sudor celeste,
y de tanto esperar lloraba el mundo
hasta que un trueno
despertaba la lluvia,
la verdadera lluvia,
y entonces se desnudaba el agua
y era
sobre la tierra
el baile del cristal, los pies del cielo,
las ceremonias del viento.

Llovía como llueve Dios,
como cae el océano,
como el tambor de la batalla,
llovía el Monzón verde
con ojos y con manos,
con abismos,
con nuevas cataratas
que se abrían
sobre los cocoteros y las cúpulas,
en tu cara, en tu piel, en tus recuerdos,

sacerdoti e usurai,
cacciatori di iguane,
tigri che scendevano
da Assam,
affamate e piene
di sangue:
tutti
attendevamo:
sudava il cielo dell'Est,
la terra si chiudeva:
non accadeva nulla,
forse dentro
quegli dèi
germinava e nasceva
una volta di più
il tempo:
si ordinava il destino:
partorivano i pianeti.
Ma il silenzio raccoglieva solo
penne bagnate,
lento sudor celeste,
e per tanta attesa il mondo piangeva
finché un tuono
risvegliava la pioggia,
la vera pioggia,
e allora l'acqua si denudava
ed era
sulla terra
la danza del cristallo, i piedi del cielo,
le cerimonie del vento.

Pioveva come piove Dio,
come cade l'oceano,
come il tamburo della battaglia,
pioveva il Monsone verde
con occhi e con mani,
con abissi,
con nuove cateratte
che si aprivano
sugli alberi di cocco e sulle cupole,
sul tuo volto, sulla tua pelle, sui tuoi ricordi,

llovía como si saliera la lluvia
por vez primera de su jaula
y golpeaba las puertas
del mundo: ¡Ábranme! ¡Ábranme!
y se abría
no sólo el mundo, sino
el espacio,
el misterio,
la verdad,
todo se resolvía
en harina celeste
y la fecundación se derramaba
contra la soledad de la espesura.

Así era el mundo y ella siguió sola.

¡Ayer! ¡Ayer!

Tus ojos aguerridos,
tus pies desnudos
dibujando un rayo,
tu rencor de puñal, tu beso duro,
cómo los frutos del desfiladero,
ayer, ayer
viviendo
en el ruido del fuego,
furiosa mía,
paloma de la hoguera,
hoy aún sin mi ausencia, sin sepulcro,
tal vez, abandonada de la muerte,
abandonada de mi amor, allí
donde el viento Monzón y sus tambores
redoblan sordamente y ya no pueden
buscarne tus caderas extinguidas.

AMORES: DELIA (I)

Delia es la luz de la ventana abierta
a la verdad, al árbol de la miel,
y pasó el tiempo sin que yo supiera

pioveva come se la pioggia uscisse
per la prima volta dalla sua gabbia
e batteva le porte
del mondo: Apritemi! Apritemi!
e si apriva
non solo il mondo, ma
lo spazio,
il mistero,
la verità,
tutto si risolveva
in farina celeste
e la fecondazione si spargeva
contro la solitudine della foresta.

Così era il mondo e lei sempre sola.

Ieri! Ieri!

I tuoi occhi agguerriti,
i tuoi piedi nudi
che disegnano un fulmine,
il tuo rancore di pugnale, il tuo bacio duro,
come i frutti della gola montana,
ieri, ieri
vivendo
nel rumore del fuoco,
furiosa mia,
colomba della fiamma,
oggi ancora senza la mia assenza, senza sepolcro,
forse, abbandonata dalla morte,
abbandonata dal mio amore, lì
dove il vento Monsone e i suoi tamburi
rullano sordamente e più non possono
cercarmi i tuoi fianchi estinti.

AMORI: DELIA (I)

Delia è la luce della finestra aperta
alla verità, all'albero del miele,
e passò il tempo senza che io sapessi

si quedó de los años malheridos
sólo su resplandor de inteligencia,
la suavidad de la que acompañó
la dura habitación de mis dolores.

Porque a juzgar por lo que yo recuerdo
donde las siete espadas se clavaron
en mí, buscando sangre,
y me brotó del corazón la ausencia,
allí, Delia, la luna luminosa
de tu razón apartó los dolores.

Tú, del país extenso
a mí llegabas
con corazón extenso, difundido
como dorado cereal, abierto
a las transmigraciones de la harina,
y no hay ternura como la que cae
como cae la lluvia en la pradera:
lentas llegan las gotas, las recibe
el espacio, el estiércol, el silencio
y el despertar de la ganadería
que muge en la humedad bajo el violín
del cielo.

Desde allí
como el aroma que dejó la rosa
en un traje de luto y en invierno
así de pronto te reconocí
como si siempre hubieras sido mía
sin ser, sin más que aquel desnudo
vestigio o sombra clara
de pétalo o espada luminosa.

La guerra llegó entonces:
tú y yo la recibimos a la puerta:
parecía una virgen transitoria
que cantaba muriendo
y parecía hermoso
el humo, el estampido
de la pólvora azul sobre la nieve,

se rimase degli anni feriti
solo il suo splendore d'intelligenza,
la dolcezza con cui accompagnò
la dura abitazione dei miei dolori.

Perché a giudicare da quel che io ricordo
dove le sette spade s'inchiodarono
in me, cercando sangue,
e mi sbocciò dal cuore l'assenza,
lì, Delia, la luna luminosa
della tua ragione allontanò i dolori.

Tu, dall'esteso paese
a me giungevi
con cuore esteso, diffuso
come un cereale dorato, aperto
alle trasmigrazioni della farina,
e non v'è tenerezza come quella che cade
come cade la pioggia sulla prateria:
lente arrivano le gocce, le riceve
lo spazio, lo sterco, il silenzio
e lo svegliarsi del bestiame
che muggisce nell'umidità sotto il violino
del cielo.

      Da lì
come l'aroma che lasciò la rosa
su un vestito a lutto e d'inverno
così d'improvviso ti riconobbi
come se sempre fossi stata mia
senz'essere, senza altro che quel nudo
vestigio o ombra chiara
di petalo o di spada luminosa.

Allora giunse la guerra:
tu e io la ricevemmo alla porta:
sembrava una vergine transitoria
che cantava morendo
e sembrava bello
il fumo, lo scoppio
della polvere azzurra sulla neve,

pero de pronto
nuestras ventanas rotas,
la metralla
entre los libros,
la sangre fresca
en charcas por las calles:
la guerra no es sonrisa,
se dormían los himnos,
vibraba el suelo al paso
pesado del soldado,
la muerte desgranaba
espiga tras espiga:
no volvió nuestro amigo,
fue amarga sin llorar
aquella hora,
luego, luego las lágrimas,
porque el honor lloraba,
tal vez en la derrota
no sabíamos
que se abría la más inmensa fosa
y en tierra caerían
naciones y ciudades.
Aquella edad son nuestras cicatrices.
Guardamos la tristeza y las cenizas.

Ya vienen
por la puerta
de Madrid
los moros,
entra Franco en su carro de esqueletos,
nuestros amigos
muertos, desterrados.

Delia, entre tantas hojas
del árbol de la vida,
tu presencia
en el fuego,
tu virtud
de rocío:
en el viento iracundo
una paloma.

ma d'improvviso
le nostre finestre rotte,
la mitraglia
tra i libri,
il sangue fresco
in pozze per le strade:
la guerra non è sorriso,
s'addormentavano gli inni,
vibrava il suolo al passo
pesante del soldato,
la morte sgranava
spiga dietro spiga:
non tornò il nostro amico,
fu amara senza piangere
quell'ora,
poi, poi le lacrime,
perché l'onore piangeva,
forse nella sconfitta
non sapevamo
che s'apriva la fossa più immensa
e a terra sarebbero cadute
nazioni e città.
Quell'età sono le nostre cicatrici.
Conservammo la tristezza e le ceneri.

Vengono ormai
dalla porta
di Madrid
i mori,
entra Franco sul suo carro di scheletri,
i nostri amici
morti, esiliati.

Delia, tra tante foglie
dell'albero della vita,
la tua presenza
nel fuoco,
la tua virtù
di rugiada:
nel vento iracondo
una colomba.

5

5

AMORES: DELIA (II)

Las gentes se acallaron y durmieron
como cada uno era y será:
tal vez en ti no nacía el rencor,
porque está escrito en donde no se lee
que el amor extinguido no es la muerte
sino una forma amarga de nacer.

Perdón para mi corazón en donde
habita el gran rumor de las abejas:
yo sé que tú, como todos los seres,
la miel excelsa tocas
y desprendes
de la piedra lunar, del firmamento,
tu propia estrella,
y cristalina eres entre todas.

Yo no desprecio, no desdeño, soy
tesorero del mar, escucho apenas
las palabras del daño
y reconstruyo
mi habitación, mi ciencia, mi alegría,
y si pude agregarte la tristeza
de mis ojos ausentes, no fue mía
la razón ni tampoco la locura:
amé otra vez y levantó el amor
una ola en mi vida y fui llenado
por el amor, sólo por el amor,
sin destinar a nadie la desdicha.

Por eso, pasajera
suavísima,
hilo de acero y miel que ató mis manos
en los años sonoros,
existes tú no como enredadera
en el árbol sino con tu verdad.

Pasaré, pasaremos,
dice el agua

AMORI: DELIA (II)

La gente tacque e s'addormentò
come ognuno era e sarà:
forse in te non nasceva il rancore,
perché sta scritto dove non si legge
che l'amore estinto non è la morte
ma un'amara forma di nascere.

Perdono per il mio cuore dove
abita il gran rumore delle api:
io so che tu, come tutti gli esseri,
tocchi il miele eccelso
e distacchi
dalla pietra lunare, dal firmamento,
la tua stella,
e cristallina sei tra tutte.

Io non disprezzo, non disdegno, sono
tesoriere del mare, ascolto appena
le parole del male
e ricostruisco
la mia stanza, la mia scienza, la mia gioia,
e se potei aggiungerti la tristezza
dei miei occhi assenti, non fu mia
la ragione e neppure la stoltezza:
amai di nuovo e l'amore sollevò
un'onda nella mia vita e fui empito
dall'amore, solo dall'amore,
senza destinare a nessuno la sventura.

Per questo, passeggera
dolcissima,
filo d'acciaio e di miele che legò le mie mani
negli anni sonori,
tu esisti non come rampicante
sull'albero ma con la tua verità.

Passerò, passeremo,
dice l'acqua

y canta la verdad contra la piedra,
el cauce se derrama y se desvía,
crecen las hierbas locas
a la orilla:
pasaré, pasaremos,
dice la noche al día,
el mes al año,
el tiempo
impone rectitud al testimonio
de los que pierden y de los que ganan,
pero incansablemente crece el árbol
y muere el árbol y a la vida acude
otro germen y todo continúa.

Y no es la adversidad la que separa
los seres, sino
el crecimiento,
nunca ha muerto una flor: sigue naciendo.

Por eso aunque perdóname
y perdono
y él es culpable y ella
y van y vienen
las lenguas amarradas
a la perplejidad y a la impudicia,
la verdad
es
que todo ha florecido
y no conoce el sol las cicatrices.

AMORES: MATILDE

Te amo

Amante, te amo y me amas y te amo:
son cortos los días, los meses, la lluvia, los trenes:
son altas las casas, los árboles, y somos más altos:
se acerca en la arena la espuma que quiere besarte:
transmigran las aves de los archipiélagos
y crecen en mi corazón tus raíces de trigo.

e la verità canta contro la pietra,
il fiume straripa e devia,
crescono l'erbe pazze
sulla riva:
passerò, passeremo,
dice la notte al giorno,
il mese all'anno,
il tempo
impone rettitudine alla testimonianza
di quelli che perdono e di quelli che guadagnano,
ma instancabilmente cresce l'albero
e muore l'albero e alla vita accorre
altro germe e tutto continua.

E non è l'avversità quella che separa
gli esseri, ma
la crescita,
mai un fiore è morto: nasce sempre.

Per questo benché perdonami
e perdono
e lui è colpevole e lei
e vanno e vengono
le lingue legate
alla perplessità e all'impudicizia,
la verità
è
che tutto è fiorito
e il sole non conosce le cicatrici.

AMORI: MATILDE

Ti amo

Amante, ti amo e m'ami e ti amo:
son corti i giorni, i mesi, la pioggia, i treni:
son alte le case, gli alberi, e siam piú alti:
s'avvicina sulla sabbia la schiuma che vuol baciarti:
emigrano gli uccelli dagli arcipelaghi
e crescono nel mio cuore le tue radici di frumento.

No hay duda, amor mío, que la tempestad de Septiembre
cayó con su hierro oxidado sobre tu cabeza
y cuando, entre rachas de espinas te vi caminando indefensa,
tomé tu guitarra de ámbar, me puse a tu lado,
sintiendo que yo no podía cantar sin tu boca,
que yo me moría si no me mirabas llorando en la lluvia.
Por qué los quebrantos de amor a la orilla del río,
por qué la cantata que en pleno crepúsculo ardía en mi sombra,
por qué se encerraron en ti, chillaneja fragante,
y restituyeron el don y el aroma que necesitaba
mi traje gastado por tantas batallas de invierno?

En la calles de Praga

Recuerdas las calles de Praga qué duras sonaban
como si tambores de piedra sonaran en la soledad
de aquel que a través de los mares buscó tu recuerdo:
tu imagen encima del puente San Carlos era una naranja.

Entonces cruzamos la nieve de siete fronteras
desde Budapest que agregaba rosales y pan a su estirpe
hasta que los amantes, tú y yo, perseguidos, sedientos y
                                                    hambrientos,
nos reconocimos hiriéndonos con dientes y besos y espadas.

Oh días cortados por las cimitarras del fuego y la furia
sufriendo el amante y la amante sin tregua y sin llanto
como si el sentimiento se hubiera enterrado en un páramo entre
                                                    las ortigas
y cada expresión se turbara quemándose y volviéndose lava.

Las heridas

Fue la ofensa tal vez del amor escondido y tal vez la incerteza,
                                        el dolor vacilante,
el temer a la herida que no solamente tu piel y mi piel
                                        traspasara,
sino que llegara a instalar una lágrima ronca en los párpados de
                                        la que me amó,

Non v'è dubbio, amor mio, che la tempesta di Settembre
cadde col suo ferro ossidato sopra la tua testa
e quando, tra raffiche di spine ti vidi camminare indifesa,
presi la tua chitarra d'ambra, mi misi al tuo fianco,
sentendo che non potevo cantare senza la tua bocca,
che morivo se non mi guardavi piangendo nella pioggia.
Perché le pene d'amore sulla riva del fiume,
perché la cantata che in pieno crepuscolo ardeva nella mia ombra,
perché si richiusero in te, *chillaneja* fragrante,
e restituirono il dono e l'aroma che abbisognava
il mio vestito sciupato da tante battaglie d'inverno?

Nelle strade di Praga

Ricordi le strade di Praga quanto dure risuonavano
come se tamburi di pietra suonassero nella solitudine
di colui che attraverso i mari cercò il tuo ricordo:
la tua immagine sul ponte di San Carlo era un'arancia.

Allora attraversammo la neve di sette frontiere
da Budapest che aggiungeva roseti e pane alla sua stirpe
finché gli amanti, tu ed io, inseguiti, assetati e affamati,
si riconobbero ferendosi con denti e baci e spade.

Oh giorni tagliati dalla scimitarra del fuoco e della furia
in cui innamorato e innamorata soffrivan senza tregua e senza
                                                           pianto
come se il sentimento si fosse sotterrato in un altopiano deserto
                                                      tra le ortiche
e ogni espressione si turbasse bruciandosi e trasformandosi in lava.

Le ferite

Fu forse l'offesa dell'amore nascosto e forse l'incertezza, il dolore
                                                         vacillante,
il temere la ferita che trapassasse non solamente la tua pelle e la
                                                         mia pelle,
ma che giungesse a installare una lacrima roca nelle palpebre di
                                                    colei che m'amò,

lo cierto es que ya no teníamos ni cielo ni sombra ni rama de rojo
ciruelo con fruto y rocío
y sólo la ira de los callejones que no tienen puertas entraba y salía
en mi alma
sin saber dónde ir ni volver sin matar o morir.

Los versos del Capitán

Oh dolor que envolvieron relámpagos y fueron guardándose
en los versos aquellos, fugaces y duros, floridos y amargos,
en que un Capitán cuyos ojos esconde una máscara negra
te ama, oh amor, arrancándose con manos heridas
las llamas que queman, las lanzas de sangre y suplicio.

Pero luego un panal substituye a la piedra del muro arañado:
frente a frente, de pronto sentimos la impura miseria
de dar a los otros la miel que buscábamos por agua y por fuego,
por tierra y por luna, por aire y por hierro, por sangre y por ira,
entonces al fondo de tú y al fondo de yo descubrimos que
estábamos ciegos
adentro de un pozo que ardía con nuestras tinieblas.

Combate de Italia

Europa vestida de viejas violetas y torres de estirpe agobiada
nos hizo volar en su ola de ilustres pasiones
y en Roma las flores, las voces, la noche iracunda,
los nobles hermanos que me rescataron de la Policía:
mas pronto se abrieron los brazos de Italia abrazándonos
con sus jazmineros crecidos en grietas de roca sagrada
y su paroxismo de ojos que nos enseñaron a mirar el mundo.

Los amantes de Capri

La isla sostiene en su centro el alma como una moneda
que el tiempo y el viento limpiaron dejándola pura
como almendra intacta y agreste cortada en la piel del zafiro
y allí nuestro amor fue la torre invisible que tiembla en el humo,

è certo che ormai non avevamo né cielo né ombra né ramo di
rosso susino con frutto e rugiada
e solo l'ira dei vicoli che non hanno porte entrava e usciva dalla
mia anima
senza sapere dove andare né tornare senza uccidere o morire.

I versi del Capitano

Oh dolore che avvolsero lampi e s'andaron custodendo
in quei versi, fugaci e duri, fioriti e amari,
in cui un Capitano, gli occhi nascosti da una maschera nera,
ti ama, oh amore, strappandosi con mani ferite
le fiamme che bruciano, le lance di sangue e di supplizio.

Ma tosto un favo sostituisce la pietra del muro graffiato:
faccia a faccia, d'improvviso sentimmo l'impura miseria
di dare agli altri il miele che cercavamo per acqua e per fuoco,
per terra e per luna, per aria e per ferro, per sangue e per ira,
allora al fondo di te e al fondo di me scoprimmo ch'eravamo
ciechi
dentro un pozzo che ardeva con le nostre tenebre.

Combattimento d'Italia

L'Europa vestita di vecchie viole e di torri di stirpe oppressa
ci fece volare nella sua onda di illustri passioni
e a Roma i fiori, le voci, la notte iraconda,
i nobili fratelli che mi riscattarono dalla Polizia:
ma presto si apriron le braccia d'Italia abbracciandoci
coi suoi gelsomini cresciuti in fenditure di roccia sacra
e il parossismo di occhi che c'insegnarono a guardare il mondo.

Gli amanti di Capri

L'isola sostiene nel suo centro l'anima come una moneta
che il tempo e il vento pulirono lasciandola pura
come mandorla intatta e agreste tagliata nella pelle dello zaffiro
e lì il nostro amore fu la torre invisibile che trema nel fumo,

el orbe vacío detuvo su cola estrellada y la red con los peces del
cielo
porque los amantes de Capri cerraron los ojos y un ronco
relámpago clavó en el silbante circuito marino
al miedo que huyó desangrándose y herido de muerte
como la amenaza de un pez espantoso por súbito arpón
derrotado:
y luego en la miel oceánica navega la estatua de proa,
desnuda, enlazada por el incitante ciclón masculino.

Descripción de Capri

La viña en la roca, las grietas del musgo, los muros que enredan
las enredaderas, los plintos de flor y de piedra:
la isla es la cítara que fue colocada en la altura sonora
y cuerda por cuerda la luz ensayó desde el día remoto
su voz, el color de las letras del día,
y de su fragante recinto volaba la aurora
derribando el rocío y abriendo los ojos de Europa.

Tú entre los que parecían extraños

Tú, clara y oscura, Matilde morena y dorada,
parecida al trigo y al vino y al pan de la patria,
allí en los caminos abiertos por reinos después devorados,
hacías cantar tus caderas y te parecías, antigua y terrestre araucana,
al ánfora pura que ardió con el vino en aquella comarca
y te conocía el aceite insigne de las cacerolas
y las amapolas creciendo en el polen de antiguos arados
te reconocían y se balanceaban
bailando en tus pies rumorosos.

Porque son los misterios del pueblo ser uno y ser todos
e igual es tu madre campestre que yace en las gredas de Ñuble
a la ráfaga etrusca que mueve las trenzas tirrenas
y tú eres un cántaro negro de Quinchamalí o de Pompeya
erigido por manos profundas que no tienen nombre:
por eso al besarte, amor mío, y apretar con mis labios tu
boca,
en tu boca me diste la sombra y la música del barro terrestre.

l'orbe vuoto trattenne la sua coda stellata e la rete con i pesci
del cielo
perché gli amanti di Capri chiusero gli occhi e un roco lampo
inchiodò nel sibilante circuito marino
la paura che fuggì dissanguandosi e ferita a morte
come la minaccia di un pesce spaventoso da improvviso arpione
sconfitto:
e poi nel miele oceanico naviga la statua di prua,
ignuda, stretta dall'eccitante ciclone mascolino.

Descrizione di Capri

La vigna nella roccia, le fenditure del muschio, i muri che impigliano
i rampicanti, i plinti di fiore e di pietra:
l'isola è la cetra che fu collocata sull'altura sonora
e corda a corda la luce provò dal giorno remoto
la sua voce, il colore delle lettere del giorno,
e dal suo recinto fragrante volava l'aurora
abbattendo la rugiada e aprendo gli occhi dell'Europa.

Tu tra coloro che sembravano estranei

Tu, chiara e oscura, Matilde bruna e dorata,
simile al grano e al vino e al pane della patria,
lì nelle strade aperte da regni poi divorati,
facevi cantare i tuoi fianchi e somigliavi, antica e terrestre araucana,
all'anfora pura che arse col vino in quella regione
e ti conosceva l'olio insigne delle casseruole
e i papaveri crescendo nel polline di antichi aratri
ti riconoscevano e si bilanciavano
ballando nei tuoi piedi rumorosi.

Perché sono i misteri del popolo esser uno ed essere tutti
e la tua madre campestre che giace nelle crete di Ñuble
è uguale alla raffica etrusca che muove le trecce tirrene
e tu sei una brocca nera di Quinchamalí o di Pompei
eretta da mani profonde che non hanno nome:
per questo al baciarti, amor mio, e nel premere con le mie labbra
la tua bocca
nella tua bocca mi desti l'ombra e la musica del fango terrestre.

Los sueños

Hermana del agua empeñada y de sus adversarias
las piedras del río, la arcilla evidente, la tosca madera:
cuando levantabas soñando la frente en la noche de Capri
caían espigas de tu cabellera, y én mi pensamiento
volaba el hipnótico enjambre del campo de Chile:
mi sueño desviaba sus trenes hacia Antofagasta:
entraban lloviendo en el alba de Pillanlelbun,
allí donde el río recoge el olor de la vieja curtiembre
y la lluvia salpica el recinto de los derribados.

La nostalgia

De aquellas aldeas que cruza el invierno y los ferrocarriles
invicto salía a pesar de los años mi oscuro relámpago
que aún ilumina las calles adversas en donde se unieron el frío
y el barro como las dos alas de un ave terrible:
ahora al llegar a mi vida tu aroma escarlata
tembló mi memoria en la sombra perdida como si en el bosque
rompiera un eléctrico canto la palpitación de la tierra.

El destierro

Porque, bienamada, es el hombre que canta el que muere
                              muriendo sin muerte
cuando ya no tocaron sus brazos las originarias tormentas,
cuando ya no quemaron sus ojos los intermitentes conflictos
                              natales
o cuando la patria evasiva negó al desterrado su copa de amor
                              y aspereza
no muere y se muere el que canta, y padece muriendo y
                              viviendo el que canta.

La dulce patria

La tierra, mi tierra, mi barro, la luz sanguinaria del orto
                              volcánico

I sogni

Sorella dell'acqua impegnata e delle sue avversarie,
le pietre del fiume, l'argilla evidente, il rozzo legno:
quando innalzavi sognando la fronte nella notte di Capri
cadevano spighe dalla tua chioma, e nel mio pensiero
volava l'ipnotico sciame della campagna del Cile:
il mio sogno deviava i suoi treni verso Antofagasta:
entravano piovendo nell'alba di Pillanlelbun,
lì dove il fiume raccoglie l'odore della vecchia conceria
e la pioggia spruzza il recinto degli abbattuti.

La nostalgia

Da quei villaggi che l'inverno e le ferrovie attraversano
usciva invitto malgrado gli anni il mio oscuro lampo
che ancora illumina le strade avverse dove s'unirono il freddo
e il fango come le due ali d'un uccello terribile:
ora quando giunse alla mia vita il tuo aroma scarlatto
tremò la mia memoria nell'ombra perduta come se nel bosco
erompesse in un elettrico canto il palpito della terra.

L'esilio

Perché, beneamata, è l'uomo che canta colui che muore morendo
                                                        senza morte
quando ormai le sue braccia non toccarono le originarie tormente,
quando ormai non bruciarono i suoi occhi gli intermittenti conflitti
                                                        natali
o quando la patria evasiva negò all'esiliato la sua coppa d'amore e
                                                        di asprezza,
non muore e muore colui che canta, e soffre morendo e
                                  vivendo colui che canta.

La dolce patria

La terra, la mia terra, il mio fango, la luce sanguinaria dall'alba
                                                        vulcanica

la paz claudicante del día y la noche de los terremotos,
el boldo, el laurel, la araucaria ocupando el perfil del planeta,
el pastel de maíz, la corvina saliendo del horno silvestre,
el latido del cóndor subiendo en la ascética piel de la nieve,
el collar de los ríos que ostentan las uvas de lagos sin nombre,
los patos salvajes que emigran al polo magnético rayando el
                    crepúsculo de los litorales,
el hombre y su esposa que leen después de comida novelas heroicas,
las calles de Rengo, Rancagua, Renaico, Loncoche
el humo del campo en otoño cerca de Quirihue,
allí donde mi alma parece una pobre guitarra que llora
cantando y cayendo la tarde en las aguas oscuras del río.

El amor

Te amé sin porqué, sin de dónde, te amé sin mirar, sin
                    medida,
y yo no sabía que oía la voz de la férrea distancia,
el eco llamando a la greda que canta por las cordilleras,
yo no suponía, chilena, que tú eras mis propias raíces,
yo sin saber cómo entre idiomas ajenos leí el alfabeto
que tus pies menudos dejaban andando en la arena
y tú sin tocarme acudías al centro del bosque invisible
a marcar el árbol de cuya corteza volaba el aroma perdido.

Resurrecciones

Amiga, es tu beso el que canta como una campana en el agua
de la catedral sumergida por cuyas ventanas
entraban los peces sin ojos, las algas viciosas,
abajo en el lodo del lago Llanquihue que adora la nieve,
tu beso despierta el sonido y propaga a las islas del viento
una incubación de nenúfar y sol submarino.

Así del letargo creció la corriente que nombra las cosas:
tu amor sacudió los metales que hundió la catástrofe:
tu amor amasó las palabras, dispuso el color de la arena,
y se levantó en el abismo la torre terrestre y celeste.

la pace claudicante del giorno e la notte dei terremoti,
il boldo, l'alloro, l'araucaria che occupa il profilo del pianeta,
il dolce di mais, il pesce che esce dal forno silvestre,
il palpito del condor che sale sull'ascetica pelle della neve,
la collana dei fiumi che ostentano l'uva di laghi senza nome,
le anitre selvatiche che emigrano verso il polo magnetico
                    rigando il crepuscolo dei litorali,
l'uomo e sua moglie che leggono dopo pranzo romanzi eroici,
le strade di Rengo, Rancagua, Renaico, Loncoche,
il fumo della campagna d'autunno presso Quirihue,
lì dove la mia anima sembra una povera chitarra che piange
cantando e cade la notte nelle acque oscure del fiume.

L'amore

T'ho amato senza perché, senza da dove, t'ho amato senza
                    guardare, senza misura,
e non sapevo che udivo la voce della ferrea distanza,
l'eco che chiama la creta che canta tra le cordigliere,
non supponevo, cilena, che tu fossi le mie stesse radici,
senza saper come tra idiomi estranei lessi l'alfabeto
che i tuoi piedi minuscoli lasciavan camminando sulla sabbia
e tu senza toccarmi accorrevi al centro del bosco invisibile
a incidere l'albero dalla cui corteccia volava l'aroma perduto.

Resurrezioni

Amica, è il tuo bacio quello che canta come una campana nell'acqua
della cattedrale sommersa dalle cui finestre
entravano i pesci senz'occhi, le alghe abbondanti,
sotto, nel fango del lago Llanquihue che adora la neve,
il tuo bacio risveglia il suono e propaga alle isole del vento
un'incubazione di ninfee e di sole sottomarino.

Cosí dal letargo crebbe la corrente che nomina le cose:
il tuo amore scosse i metalli che sprofondò la catastrofe:
il tuo amore impastò le parole, dispose il colore della sabbia,
e s'innalzò nell'abisso la torre terrestre e celeste.

El canto

La torre del pan, la estructura que el arco construye en la altura
con la melodía elevando su fértil firmeza
y el pétalo duro del canto creciendo en la rosa,
así tu presencia y tu ausencia y el peso de tu cabellera,
el fresco calor de tu cuerpo de avena en la cama,
la piel victoriosa que tu primavera dispuso al costado
de mi corazón que golpeaba en la piedra del muro,
el firme contacto de trigo y de oro de tus asoleadas caderas,
tu voz derramando dulzura salvaje como una cascada,
tu boca que amó la presión de mis besos tardíos,
fue como si el día y la noche cortaran su nudo mostrando
                                                    entreabierta
la puerta que une y separa a la luz de la sombra
y por la abertura asomara el distante dominio
que el hombre buscaba picando la piedra, la sombra, el vacío.

Poderes

Tal vez el amor restituye un cristal quebrantado en el fondo
del ser, una sal esparcida y perdida
y aparece entre sangre y silencio como la criatura
el poder que no impera sino adentro del goce y del alma
y así en este equilibrio podría fundarse una abeja
o encerrar las conquistas de todos los tiempos en una amapola
porque así de infinito es no amar y esperar a la orilla de un río
                                                    redondo
y así son transmutados los vínculos en el mínimo reino recién
                                                    descubierto.

Regreso

Amor mío, en el mar navegamos de vuelta a la raza,
a la herencia, al volcán y al recinto, al idioma dormido
que se nos salía por la cabellera en las tierras ajenas:
el mar palpitaba como una nodriza repleta:
los senos atlánticos sostienen el mínimo barco de los pasajeros
y apenas sonríen los desconocidos bebiendo sustancias heladas,

Il canto

La torre del pane, la struttura che l'arco costruisce sull'altura
con la melodia elevando la sua fertile fermezza
e il petalo duro del canto che cresce nella rosa,
così la tua presenza e la tua assenza e il peso della tua chioma,
il fresco calore del tuo corpo d'avena nel letto,
la pelle vittoriosa che la tua primavera dispose a fianco
del mio cuore che batteva nella pietra del muro,
il fermo contatto di frumento e d'oro dei tuoi fianchi solari,
la tua voce che diffondeva dolcezza selvatica come una cascata,
la tua bocca che amò la pressione dei miei baci tardivi,
fu come se il giorno e la notte tagliassero il loro nodo mostrando
socchiusa
la porta che unisce e separa la luce dall'ombra
e dall'apertura s'affacciasse il remoto dominio
che l'uomo cercava battendo la pietra, l'ombra, il vuoto.

Poteri

Forse l'amore restituisce un cristallo rotto nel fondo
dell'essere, un sale sparso e perduto
e tra sangue e silenzio appare come la creatura
il potere che non impera se non dentro il godimento e l'anima;
così in questo equilibrio potrebbe fondarsi un'ape
o rinchiudere le conquiste di tutti i tempi in un papavero,
perché è tanto infinito non amare e attendere sulla riva di un
fiume rotondo
e così son tramutati i vincoli nel minuscolo regno appena
scoperto.

Ritorno

Amor mio, nel mare navigammo di ritorno alla razza,
all'eredità, al vulcano e al recinto, all'idioma addormentato
che ci usciva attraverso la chioma nelle terre altrui:
il mare palpitava come una nutrice ricolma:
i seni atlantici sostengono la minuscola nave dei passeggeri
e gli sconosciuti sorridono appena bevendo sostanze gelate,

trombones y misas y máscaras, comidas rituales, rumores,
cada uno se amarra a su olvido con su predilecta cadena
y los entresíes del disimulado de oreja furtiva
la cesta de hierro nos lleva palpando y cortando el océano.

Los barcos

Como en el mercado se tiran al saco carbón y cebollas,
alcohol, parafina, papas, zanahorias, chuletas, aceite, naranjas,
el barco es el vago desorden en donde cayeron
melifluas robustas, hambrientos tahures, popes, mercaderes:
a veces deciden mirar el océano que se ha detenido
como un queso azul que amenaza con ojos espesos
y el terror de lo inmóvil penetra en la frente de los pasajeros:
cada hombre desea gastar los zapatos, los pies y los huesos,
moverse en su horrible infinito hasta que ya no exista.
Termina el peligro, la nave circula en el agua del círculo,
y lejos asoman las torres de plata de Montevideo.

Datitla

Amor, bienamada, a la luz solitaria y la arena de invierno
recuerdas Datitla? Los pinos oscuros, la lluvia uruguaya que
                                        moja el graznido
de los benteveos, la súbita luz de la naturaleza
que clava con rayos la noche y la llena de párpados rotos
y de fogonazos y supersticiosos relámpagos verdes
hasta que cegados por el resplandor de sus libros eléctricos
nos dábamos vueltas en sueños que el cielo horadaba y cubría.

Los Mántaras fueron presencia y ausencia, arboleda invisible
de frutos visibles, la casa copiosa de la soledad,
las claves de amigo y amiga ponían su marca en el muro
con el natural generoso que envuelve en la flor la ambrosía
o como en el aire sostiene su vuelo nocturno
la estrella bruñida y brillante afirmada en su propia pureza
y allí del aroma esparcido en las bajas riberas
tú y yo recogimos mastrantos, oréganos, menzelia, espadañas:
el herbario interregno que sólo el amor recupera en las costas
                                        del mundo.

tromboni e messe e maschere, pranzi rituali, rumori,
ognuno si lega al suo oblio con la catena prediletta
e i mezzi sì del dissimulato d'orecchio furtivo
la cesta di ferro ci porta palpando e tagliando l'oceano.

Le navi

Come al mercato si gettano nel sacco carbone e cipolle,
alcool, paraffina, patate, carote, costolette, olio, arance,
la nave è il vago disordine dove caddero
melliflue robuste, affamati furfanti, popi, mercanti:
a volte decidono di guardare l'oceano che s'è fermato
come un cacio azzurro che minaccia con i suoi occhi densi
e il terrore dell'immobile penetra nella fronte dei passeggeri:
ogni uomo desidera usare le scarpe, i piedi e le ossa,
muoversi nel suo orribile infinito finché più non esista.
Termina il pericolo, la nave circola nell'acqua del circolo,
e lontano si affacciano le torri d'argento di Montevideo.

Datitla

Amore, beneamata, alla luce solitaria e alla sabbia d'inverno
ricordi Datitla? I pini oscuri, la pioggia uruguaiana che bagna il
                                                     gracchiare
dei *benteveos*, la luce improvvisa della natura
che inchioda con fulmini la notte e la empie di palpebre rotte
e di fiammate e di superstiziosi lampi verdi,
finché accecati dallo splendore dei suoi libri elettrici
ci rivoltavamo in sogni che il cielo perforava e copriva.

I Mántaras furono presenza e assenza, albereto invisibile
di frutti visibili, la casa copiosa della solitudine,
le *claves de amigo y amiga* mettevano la loro marca sul muro
con la natura generosa che avvolge nel fiore l'ambrosia
o come nell'aria sostiene il suo volo notturno
la stella brunita e brillante ferma nella sua stessa purezza;
lì dell'aroma sparso sulle basse rive
tu ed io raccogliemmo mentastro, origano, *menzelia*, biodo:
l'erbario interregno che solo l'amore recupera sulle coste
                                                del mondo.

298

La amistad

Amigos, oh todos, Albertos y Olgas de toda la tierra!
No escriben los libros de amor la amistad del amigo al amor,
no escriben el don que suscitan y el pan que otorgaron al
                                        amante errante,
olvida el sortílego mirando los ojos de puma de su bienamada
que manos amigas labraron maderas, clavaron estacas
para que enlazaran en paz su alegría los dos errabundos.
Injusto o tardío tú y yo inauguramos Matilde en el libro de
                                        amor
el capítulo abierto que indica al amor lo que debe
y aquí se establece con miel la amistad verdadera:
la de los que acogen la dicha sin palidecer de neuralgia
y elevan la copa de oro en honor del honor y el amor.

La Chascona

La piedra y los clavos, la tabla, la teja se unieron: he aquí
                                        levantada
la casa chascona con agua que corre escribiendo en su idioma,
las zarzas guardaban el sitio con su sanguinario ramaje
hasta que la escala y sus muros supieron tu nombre
y la flor encrespada, la vid y su alado zarcillo,
las hojas de higuera que como estandartes de razas remotas
cernían sus alas oscuras sobre tu cabeza,
el muro de azul victorioso, el ónix abstracto del suelo,
tus ojos, mis ojos, están derramados en roca y madera
por todos los sitios, los días febriles, la paz que construye,
y sigue ordenada la casa con tu transparencia.

Mi casa, tu casa, tu sueño en mis ojos, tu sangre siguiendo el
                                        camino del cuerpo que duerme
como una paloma cerrada en sus alas inmóvil persigue su vuelo
y el tiempo recoge en su copa tu sueño y el mío
en la casa que apenas nació de las manos despiertas.

La noche encontrada por fin en la nave que tú y yo construimos,
la paz de madera olorosa que sigue con pájaros
que sigue el susurro del viento perdido en las hojas

L'amicizia

Amici, oh tutti, Alberti e Olghe di tutta la terra!
I libri d'amore non scrivono l'amicizia dell'amico all'amore,
non scrivono il dono che suscitano e il pane che concessero
                                    all'amante errante,
dimentica il sortilego guardando gli occhi di puma della sua
                                    beneamata
che mani amiche lavorarono legni, piantarono chiodi
perché i due errabondi unissero in pace la loro gioia.
Ingiusto o tardivo tu ed io inaugurammo, Matilde, nel libro d'amore
il capitolo aperto che indica all'amore ciò che deve
e qui si stabilisce con miele la vera amicizia:
quella di coloro che accolgono la felicità senza impallidire di nevralgia
e innalzano la coppa d'oro in onore dell'onore e dell'amore.

La Scarmigliata

La pietra e i chiodi, la tavola, la tegola si unirono: ecco
                                    innalzata
la casa scarmigliata con acqua che corre scrivendo nel suo idioma,
i pruni custodivano il luogo coi loro rami sanguinari
finché la scala e i suoi muri seppero il tuo nome
e il fiore increspato, la vite e il suo alato viticcio,
le foglie di fico che come stendardi di razze remote
sospendevano le loro ali oscure sulla tua testa,
il muro d'azzurro vittorioso, l'onice astratto della terra,
i tuoi occhi, i miei occhi, son sparsi in roccia e legno
per tutti i luoghi, i giorni febbrili, la pace che costruisce,
ed è sempre in ordine la casa con la tua trasparenza.

La mia casa, la tua casa, il tuo sogno nei miei occhi, il tuo sangue
                                    che segue la strada del corpo che dorme
come una colomba chiusa nelle ali immobile insegue il suo volo
e il tempo raccoglie nella sua coppa il tuo sogno e il mio
nella casa che appena nacque dalle mani sveglie.

La notte trovata alfine nella nave che noi costruimmo,
la pace di legno odoroso che ancora ha uccelli

y de las raíces que comen la paz suculenta del humus
mientras sobreviene sobre mí dormida la luna del agua
como una paloma del bosque del Sur que dirige el dominio
del cielo, del aire, del viento sombrío que te pertenece,
dormida durmiendo en la casa que hicieron tus manos,
delgada en el sueño, en el germen del humus nocturno
y multiplicada en la sombra como el crecimiento del trigo.

Dorada, la tierra te dio la armadura del trigo,
el color que los hornos cocieron con barro y delicia,
la piel que no es blanca ni es negra ni roja ni verde
que tiene el color de la arena, del pan, de la lluvia,
del sol, de la pura madera, del viento,
tu carne color de campana, color de alimento fragante,
tu carne que forma la nave y encierra la ola!

De tantas delgadas estrellas que mi alma recoge en la noche
recibo el rocío que el día convierte en ceniza
y bebo la copa de estrellas difuntas llorando las lágrimas
de todos los hombres, de los prisioneros, de los carceleros,
y todas las manos me buscan mostrando una llaga,
mostrando el dolor, el suplicio o la brusca esperanza
y así sin que el cielo y la tierra me dejen tranquilo,
así consumido por otros dolores que cambian de rostro.
Recibo en el sol y en el día la estatua de tu claridad
y en la sombra, en la luna, en el sueño, el racimo del reino,
el contacto que induce a mi sangre a cantar en la muerte.

La miel, bienamada, la ilustre dulzura del viaje completo
y aún, entre largos caminos, fundamos en Valparaíso una torre,
por más que en tus pies encontré mis raíces perdidas
tú y yo mantuvimos abierta la puerta del mar insepulto
y así destinamos a la Sebastiana el deber de llamar los navíos
y ver bajo el humo del puerto la rosa incitante,
el camino cortado en el agua por el hombre y sus mercaderías.

Pero azul y rosado, roído y amargo entreabierto entre sus telarañas
he aquí, sosteniéndose en hilos, en uñas, en enredaderas,
he aquí, victorioso, harapiento, color de campana y de miel,
he aquí, bermellón y amarillo, purpúreo, plateado, violeta,
sombrío y alegre, secreto y abierto como una sandía

che ancora ha sussurro del vento perduto tra le foglie
e delle radici che mangiano la pace succulenta dell'humus
mentre sopravviene su di me addormentata la luna dell'acqua
come una colomba del bosco del Sud che dirige il dominio
del cielo, dell'aria, del vento cupo che ti appartiene,
addormentata che dormi nella casa che fecero le tue mani,
esile nel sonno, nel germe dell'humus notturno
e moltiplicata nell'ombra come la crescita del grano.

Dorata, la terra ti diede l'armatura del frumento,
il colore che i forni han cotto con fango e con delizia,
la pelle che non è bianca né nera né rossa né verde
che ha il colore dell'arena, del pane, della pioggia,
del sole, del puro legno, del vento,
la tua carne color di campana, color d'alimento fragrante,
la tua carne che forma la nave e racchiude l'onda!

Da tante esili stelle che la mia anima raccoglie nella notte
ricevo la rugiada che il giorno converte in cenere
e bevo la coppa di stelle defunte piangendo le lacrime
di tutti gli uomini, dei prigionieri, dei carcerieri,
e tutte le mani mi cercano mostrando una piaga,
mostrando il dolore, il supplizio o la brusca speranza
e così senza che il cielo e la terra mi lascino tranquillo,
così consumato da altri dolori che cambian di volto.
Ricevo nel sole e nel giorno la statua della tua chiarità
e nell'ombra, nella luna, nel sogno, il grappolo del regno,
il contatto che induce il mio sangue a cantare nella morte.

Il miele, beneamata, l'illustre dolcezza del viaggio completo
e ancora, tra lunghe strade, fondammo a Valparaíso una torre,
per quanto nei tuoi piedi abbia trovato le mie radici perdute
tu ed io mantenemmo aperta la porta del mare insepolto
e così destinammo alla Sebastiana il dovere di chiamare i navigli
e di vedere sotto il fumo del porto la rosa eccitante,
la strada tagliata nell'acqua dall'uomo e dalle sue mercanzie.

Ma azzurro e rosa, roso e amaro socchiuso tra le sue ragnatele
ecco, sostenendosi su fili, su unghie, su rampicanti,
ecco, vittorioso, stracciato, color di campana e di miele,
ecco, vermiglione e giallo, purpureo, argentato, viola,

el puerto y la puerta de Chile, el manto radiante de Valparaíso,
el sonoro estupor de la lluvia en los cerros cargados de padecimientos
el sol resbalando en la oscura mirada, en los ojos más bellos del
mundo.

Yo te convidé a la alegría de un puerto agarrado a la furia del
alto oleaje
metido en el frío del último océano, viviendo en peligro,
hermosa es la nave sombría, la luz vesperal de los meses antárticos,
la nave de techo amaranto, el puñado de velas o casas o vidas
que aquí se vistieron con trajes de honor y banderas
y se sostuvieron cayéndose en el terremoto que abría y cerraba
el infierno,
tomándose al fin de la mano los hombres, los muros, las cosas,
unidos y desvencijados en el estertor planetario.

Cada hombre contó con sus manos los bienes funestos, el río
de sus extensiones, su espada, su rienda, su ganadería,
y dijo a la esposa «Defiende tu páramo ardiente o tu campo de
nieve»
o «Cuida la vaca, los viejos telares, la sierra o el oro».

Muy bien, bienamada, es la ley de los siglos que fueron atándose
adentro del hombre, en un hilo que ataba también sus cabezas:
el príncipe echaba las redes con el sacerdote enlutado,
y mientras los dioses callaban caían al cofre monedas
que allí acumularon la ira y la sangre del hombre desnudo.

Por eso erigida la base y bendita por cuervos oscuros
subió el interés y dispuso en el zócalo su pie mercenario
después a la Estatua impusieron medallas y música,
periódicos, radios y televisores cantaron la loa del Santo Dinero,
y así hasta el probable, hasta el que no pudo ser hombre,
el manumitido, el desnudo y hambriento, el pastor lacerado,
el empleado nocturno que roe en tinieblas su pan disputado a
las ratas,
creyeron que aquel era Dios, defendieron el Arca suprema,
y se sepultaron en el humillado individuo, ahitos de orgullo
prestado.

cupo e gioioso, segreto e aperto come un'anguria
il porto e la porta del Cile, il manto radiante di Valparaíso,
il sonoro stupore della pioggia sui monti carichi di sofferenza,
il sole che scivola nell'oscuro sguardo, negli occhi piú belli del
mondo.

Io t'ho invitato alla gioia di un porto aggrappato alla furia delle
alte onde
immerso nel freddo dell'ultimo oceano, vivendo in pericolo,
bella è la nave cupa, la luce vesperale dei mesi antartici,
la nave dal tetto amaranto, il pugno di vele o di case o di vite
che qui si vestirono con panni d'onore e di bandiere
e si sostennero cadendo nel terremoto che apriva e chiudeva
l'inferno,
prendendosi alla fine per mano, uomini, muri, cose,
uniti e sconquassati nel rantolo planetario.

Ogni uomo contò con le sue mani i beni funesti, il fiume
delle sue estensioni, la spada, la briglia, il bestiame,
e disse alla sposa: «Difendi il tuo ardente altopiano o il campo
di neve»
o «Cura la mucca, i vecchi telai, la montagna o l'oro».

Benissimo, beneamata, è la legge dei secoli che si andaron legando
dentro l'uomo, in un filo che legava anche le loro teste:
il principe gettava le reti col sacerdote a lutto,
e mentre gli dèi tacevano nel forziere cadevano monete
che accumularono l'ira e il sangue dell'uomo ignudo.

Per questo eretta la base e benedetta da corvi oscuri
aumentò l'interesse e dispose sullo zoccolo il suo piede mercenario,
poi alla Statua imposero medaglie e musica,
giornali, radio e televisori cantarono la lode del Santo Denaro;
così perfino il probabile, perfino colui che non poté esser uomo,
il manomesso, l'ignudo e affamato, il pastore miserabile,
l'impiegato notturno che rode nelle tenebre il suo pane disputato
alle talpe,
credettero che quello fosse Dio, difesero l'Arca suprema,
e si seppellirono nell'individuo umiliato, colmi d'orgoglio
prestato.

INDICI

INDICE ALFABETICO DEGLI INCIPIT

Che ne fu della furiosa?: 265
Chi s'amò come noi? Cerchiamo: 239
Chino sulle sere tiro le mie tristi reti: 39
Chioma bionda, sciolta: 21
Come sei pura di sole o di notte caduta: 109
Come sorgi dal passato, giungendo: 107
Cómo surges de antaño, llegando: 106
Con casto corazón, con ojos: 188
Con casto cuore, con occhi: 189
Con esos: 200
Con quei: 201
Corpo di donna, bianche colline, cosce bianche: 31
Cuando aproximo el cielo con las manos para despertar : 70
Cuando estés vieja, niña (Ronsard ya te lo dijo): 20
Cuerpo de mujer, blancas colinas, muslos blancos: 30

Da chi comprai in questa notte la solitudine che posseggo: 73
Da dove, pianta o fulmine: 147
Dal fondo di te, e inginocchiato: 23
Da molto tempo la terra ti conosce: 233
Da viaggi e da dolori ritornai, amor mio: 237
De dónde, planta o rayo: 146
Déjame sueltas las manos: 90
Delia è la luce della finestra aperta: 275
Delia es la luz de la ventana abierta: 274
De miradas polvorientas caídas al suelo: 102
De pronto, un día: 192
Desde el fondo de ti, y arrodillado: 22
Desde hace mucho tiempo la tierra te conoce: 232
De viajes y dolores yo regresé, amor mío: 236
D'improvviso, un giorno: 193
Di sguardi polverosi caduti al suolo: 103
Dolce è la bella come se musica e legno: 231
Dolce mia, di che profumi: 185
Donna, io sarei stato tuo figlio, per berti: 27

Ebbro di trementina e di lunghi baci: 43
Ebrio de trementina y largos besos: 42
E come, dove sta: 241
È come una marea, quando lei fissa su me: 79
È il mattino pieno di tempesta: 35

Las gentes se acallaron y durmieron: 280
La sombra de este monte protector y propicio: 28
Llegan los 4 números del año: 248
Llénate de mí: 94
L'ombra di questo monte protettore e propizio: 29
Los ojos se me fueron: 154

Matilde, dónde estás? Noté, hacia abajo: 234
Matilde, dove sei? Notai, verso il basso: 235
Matilde Urrutia, aquí te dejo: 226
Matilde Urrutia, qui ti lascio: 227
Me gustas cuando callas porque estás como ausente: 50
Mi piaci quando taci perché sei come assente: 51
Mujer, yo hubiera sido tu hijo, por beberte: 26

Né il cuore tagliato da un vetro: 125
Nel fondo del mare profondo: 105
Nel fondo del petto siamo uniti: 127
Nella notte del cuore: 107
Nella notte, nella tua mano: 179
Nella sua fiamma mortale la luce ti avvolge: 31
Nel mio cielo al crepuscolo sei come una nube: 53
Ni el corazón cortado por un vidrio: 124
Niña morena y ágil, el sol que hace las frutas: 56
No, che la Regina non riconosca: 139
Non t'amo se non perché t'amo: 239
No, que la Reina no reconozca: 138
Nos dio el amor la única importancia: 260
No te quiero sino porque te quiero: 238

Oggi mi son disteso presso una giovane pura: 113
Oh bimba tra le rose, oh peso di colombe: 121
Oh dama senza cuore, figlia del cielo: 111
Oh dama sin corazón, hija del cielo: 110
Oh maligna, avrai trovato ormai la lettera, ormai avrai pianto di furia: 115
Oh maligna, ya habrás hallado la carta, ya habrás llorado de furia: 114
Oh niña entre las rosas, oh presión de palomas: 120
Oh tú, más dulce, más interminable: 136
Oh tu, più dolce, più interminabile: 137

Sì, per quei giorni: 269
Si solamente me tocaras el corazón: 116
Sí, yo sabía que tus manos eran: 214
Sono andato segnando con croci di fuoco: 47
Suave mía, a qué hueles: 184
Suave es la bella como si música y madera: 230
Su cuerpo es una hostia fina, mínima y leve: 10

Tal vez herido voy sin ir sangriento: 236
Tal vez no ser es ser, sin que tú seas: 234
Te recuerdo como eras en el último otoño: 36
Ti ricordo come eri nell'ultimo autunno: 37
Toda la noche he dormido contigo: 156
Todo el amor en una copa: 164
Toglimi il pane, se vuoi: 153
Torciendo hacia ese lado o más allá continúas siendo mía: 68
Tú sabes: 204
Tu sai: 205
Tutta la notte ho dormito con te: 157
Tutto l'amore in una coppa: 165

Vecchio valzer sei vivo: 219
Vedi queste mani? Han misurato: 163
Ves estas manos? Han medido: 162
Viejo vals estás vivo: 218
Vienes de la pobreza de las casas del Sur: 232
Vieni dalla povertà delle case del Sud: 233

Y cómo, en dónde yace: 240
Yo en un mercado: 196
Yo te he nombrado reina: 150

INDICE GENERALE

Finito di stampare
presso Gestioni Grafiche snc
Città di Castello (PG)